Con piacere A1

Guida per l'insegnante

von
Luisa Pla-Lang

Ernst Klett Sprachen
Stuttgart

Con piacere A1

Guida per l'insegnante

von
Luisa Pla-Lang

1. Auflage 1 5 4 3 2 1 | 2015 14 13 12 11

Internetadresse: www.klett.de

Redaktion Mirjam Friediger, Giovanna Mungai-Maier
Layoutkonzeption Alexandra Veigel-Schall
Gestaltung und Satz Wiebke Hengst, Ostfildern
Illustrationen Simone Massoni und Ilaria Falorsi, Florenz; Athos Boncompagni, Arezzo
Umschlaggestaltung Silke Wewoda
Reproduktion Meyle + Müller, Medienmanagement, Pforzheim
Druck und Bindung Beltz Druckpartner, Hemsbach
Printed in Germany

ISBN 978-3-12-525187-8

9 783125 251878

Bildquellennachweis
19 iStockphoto (AskinTulayOver), Calgary, Alberta; **57.1** Fotolia LLC (volff), New York; **57.2** iStockphoto (subjug), Calgary, Alberta; **57.3** iStockphoto (jerryhat), Calgary, Alberta; **57.4** iStockphoto (Norman Chan), Calgary, Alberta; **57.5** iStockphoto (Lauri Patterson), Calgary, Alberta; **57.6** iStockphoto (Stefanie Timmermann), Calgary, Alberta; **57.7** iStockphoto (James Harrop), Calgary, Alberta; **57.8** Fotolia LLC (Giuseppe Porzani), New York; **57.9** iStockphoto (Franco Deriu), Calgary, Alberta; **57.10** Fotolia LLC (Marco Mayer), New York; **57.11** iStockphoto (Ty Smith), Calgary, Alberta; **57.12** iStockphoto (Rafa Irusta), Calgary, Alberta; **57.13** iStockphoto (Sylvain Légaré), Calgary, Alberta; **57.14** iStockphoto (Gustavo Andrade), Calgary, Alberta; **57.15** iStockphoto (Sohl), Calgary, Alberta; **57.16** iStockphoto (eyewave), Calgary, Alberta; **57.17** iStockphoto (Thomas Nolf), Calgary, Alberta; **57.18** iStockphoto (Serhiy Pedan), Calgary, Alberta; **57.19** Fotolia LLC (francescoro), New York; **57.20** iStockphoto (Norman Chan), Calgary, Alberta; **57.21** Fotolia LLC (Orlando Bellini), New York; **57.22** iStockphoto (david olah), Calgary, Alberta; **57.23** iStockphoto (Jan Gottwald), Calgary, Alberta; **57.24** iStockphoto (Alessio Cola), Calgary, Alberta; **83.1** Fotolia LLC (JENS SCHMIDT), New York; **83.2** Thinkstock (iStockphoto), München; **83.3** iStockphoto (Jeremy Voisey), Calgary, Alberta; **83.4** iStockphoto (Carlos Gawronski), Calgary, Alberta; **83.5** iStockphoto (Claudio Arnese), Calgary, Alberta; **83.6** Fotolia LLC (darknightsky), New York; **83.7** Fotolia LLC (Brian Jackson), New York; **83.8** Fotolia LLC (Fantasista), New York; **85.1** Thinkstock (iStockphoto), München; **85.2** Thinkstock (Stockbyte), München; **87.1** shutterstock (Julie Keen), New York, NY; **87.2** iStockphoto (RonTech2000), Calgary, Alberta.

Indice

Introduzione

1. Che cos'è Con piacere

Con piacere è un'opera multimediale per l'apprendimento della lingua italiana diviso in tre volumi per i livelli A1, A2, B1 del **Quadro comune europeo di riferimento per le lingue (QCER)**.

Con piacere comprende per ogni livello:

- **Lehr- und Arbeitsbuch** con esercizi di pronuncia (solo in *Con piacere* A1, presenti nelle unità e nell'eserciziario), portfolio, le chiavi delle attività dell'eserciziario, test, grammatica sistematica, le trascrizioni e due liste di vocaboli.
- **2 CD audio** con tutti i materiali audio (1 CD per il manuale e 1 CD per l'eserciziario).
- **Guida per l'insegnante** corredata da attività supplementari, le soluzioni degli esercizi delle unità e le trascrizioni degli ascolti spontanei non presenti nel manuale.
- **Trainingsbuch** contenente ulteriori esercizi di rinforzo e test di ripasso su ogni unità.
- **Vokabeltrainer** con annessi 2 CD audio e un CD-ROM per il lavoro individuale sul lessico.
- **Con piacere online**, un sito web (www.klett.de/conpiacere) da cui si possono scaricare gratuitamente materiali e attività utilizzabili durante la lezione così come in modo autonomo a casa.

Con piacere è quindi uno strumento completo che risparmia all'insegnante lunghe ricerche di attività e materiali supplementari.

1.1 I destinatari

Con piacere è un manuale d'italiano pensato per un pubblico che si avvicina per la prima volta allo studio della lingua italiana. È adatto a principianti con o senza conoscenze preliminari, adulti e giovani che studiano l'italiano in istituzioni come le VHS, gli Istituti Italiani di Cultura, le scuole di lingue private e anche i licei. Può essere utilizzato sia nei corsi con frequenza settimanale, sia in corsi intensivi di una o più settimane.

1.2 Gli obiettivi

Con piacere s'ispira alle direttive guida del **QCER** e comprende tre volumi che corrispondono rispettivamente ai primi 3 livelli permettendo in questo modo di raggiungere obiettivi precisi e certificabili a livello internazionale.
Durante la stesura del manuale, le autrici hanno tenuto conto di quelli che erano i *desiderata* di molti insegnanti:

- unità più brevi
- grammatica compattata
- progressione "soft" adeguata alle esigenze dei corsisti
- intercultura
- ricchezza e varietà di input
- eserciziario ricco di attività

2. La concezione

Con piacere è un manuale che offre una grande varietà di attività adatte ad ogni tipo di studente. In particolare, esso cerca di motivare il singolo partecipante a costruire il proprio cammino di apprendimento non solo in base alle proprie esigenze ma soprattutto rispetto alle proprie "intelligenze". **La teoria delle intelligenze multiple** è infatti la base dell'innovativa concezione didattica di questo manuale.
Il primo a parlare delle Intelligenze multiple è stato lo psicologo Howard Gardner in *Frames of Mind* pubblicato nel 1983. Il punto di partenza della sua teoria è la convinzione che sia errato ritenere che l'intelligenza possa essere obiettivamente misurata e ricondotta ad un singolo numero, ovvero ad un punteggio "IQ". Secondo Gardner, ogni persona è dotata di almeno sette intelligenze ovvero, è intelligente in almeno sette modi diversi. A questi tipi di intelligenza, Gardner ne ha aggiunta successivamente un'ottava. Ciò significa che alcuni di noi possiedono livelli molto alti in tutte o quasi tutte le intelligenze, mentre altri hanno sviluppato in modo più evidente solo alcune di esse. È importante però sottolineare che se siamo messi nelle condizioni appropriate d'incoraggiamento, arricchimento e istruzione, ognuno può sviluppare tutte le diverse intelligenze fino a raggiungere soddisfacenti livelli di competenza. Le intelligenze sono strettamente connesse tra di loro e interagiscono in modo molto complesso. Se ciascuno è cosciente delle proprie intelligenze più forti e di quelle più deboli, può usare le più forti per sviluppare o compensare quelle più deboli.
Qui di seguito una breve panoramica sulle otto intelligenze.

Intelligenza linguistica Capacità di usare le parole in modo efficace, sia oralmente che per iscritto. Questa intelligenza include la padronanza della sintassi, della fonologia, dei suoni, della semantica, e dell'uso pratico della lingua. A questo tipo d'intelligenza appartengono tutte le attività che richiedono una produzione orale p.es. pag. 62, att. 26 o una produzione scritta come p.es. pag. 58 att. 8.

Intelligenza logico-matematica Capacità di usare i numeri in maniera efficace e di saper ragionare bene. È l'intelligenza che riguarda il ragionamento deduttivo, la schematizzazione e le catene logiche. A questa intelligenza fanno riferimento le attività prettamente numeriche (pag. 50 att. 14) ma anche quelle di tipo logico come per esempio riordinare le vignette di una storia (pag. 91 att. 3).

Intelligenza visiva-spaziale Questa intelligenza implica sensibilità verso il colore, la linea, la forma, lo spazio. Include la capacità di visualizzare e rappresentare idee in modo visivo e spaziale. Le attività sono dunque quelle in cui per esempio è richiesta un'associazione di tipo visivo (p. es. pag. 72 att. 26).

Intelligenza corporeo-cinestetica Abilità nell'uso del proprio corpo per esprimere idee e sentimenti. In sostanza quasi tutte le attività in movimento (segnalate dal simbolo dei piedini), le pantomime ecc. (p. es. pag. 14 att. 9 e 10).

Intelligenza interpersonale Abilità di percepire e interpretare gli stati d'animo, le motivazioni, le intenzioni e i sentimenti altrui. Ciò può includere sensibilità verso le espressioni del viso, della voce, dei gesti e abilità nel rispondere agli altri efficacemente e in modo pragmatico. A questa intelligenza appartengono tutte le attività di gruppo o di coppia. Alcuni esempi potrebbero essere le att. 17 e 21 a pag. 95.

Intelligenza intrapersonale Riguarda la capacità di comprendere la propria individualità, di saperla inserire nel contesto sociale e di saper riconoscere i propri punti forti e deboli. Qui facciamo riferimento a tutte le sezioni *Per comunicare* (p. es. pag. 30 att. 28) e alle attività che fanno riferimento all'analisi individuale e alla riflessione sul proprio processo di apprendimento nelle sezioni *Lernen mit System* e *Portfolio* dell'eserciziario (p. es. pag. 149).

Intelligenza musicale Capacità di percepire, discriminare, trasformare ed esprimere forme musicali. Tipiche attività in questo senso sono quelle che presentano una canzone (p. es. pag. 104 att. 18, 19 e 20) e le attività che fanno lavorare sul ritmo della lingua (p. es. pag. 62 att. 28 e 29).

Intelligenza naturalistica Capacità di riconoscere e classificare gli oggetti naturali. Per esempio la classificazione degli alimenti a pag. 81 (att. 2 a, b, c).

Prendendo spunto da questa teoria, *Con piacere* si sforza costantemente di adattare il processo di apprendimento alle caratteristiche individuali dei singoli studenti che devono a loro volta riconoscere i propri punti forti e deboli in modo da potersi costruire un cammino di apprendimento personalizzato in base alle proprie esigenze. Questo sforzo di adattare il processo di apprendimento alle caratteristiche individuali dello studente risponde ad uno dei principi basilari del QCER che ha come obiettivo principale di permettere una quantificazione trasparente e comparabile a livello internazionale delle conoscenze linguistiche.

2.1 Il Portfolio

Per imparare in modo efficace è necessario che lo studente sia a conoscenza del proprio stile di studio assumendosi la responsabilità di questo processo e sviluppando una certa autonomia nel percorso di apprendimento.
Con piacere offre a questo proposito la possibilità di accompagnare l'apprendimento dello studente con un *portfolio* ispirato dal **Portfolio Europeo delle Lingue** (**PEL**) che è uno dei componenti del QCER. Citiamo in particolare il **dossier** che è costituito dalla raccolta di vari elaborati scritti in italiano testimonianti il progresso di ogni singolo studente durante il processo di apprendimento linguistico. Le attività del **dossier** sono integrate in ogni unità.
Nell'eserciziario trovate inoltre sotto la sezione **Portfolio** le schede di autovalutazione che permettono allo studente di valutare autonomamente il proprio cammino di apprendimento.

3. Struttura del manuale

Il manuale è composto dalle seguenti parti:

- **libro dello studente** con un'unità introduttiva di 4 pagine, 9 unità di 10 pagine e 3 *intermezzi* di 4 pagine ciascuno.
- **Eserciziario** integrato al testo con 3 test di autovalutazione.

- **Grammatica sistematica** in appendice.
- **Vocabolario** suddiviso per unità.
- **Lista alfabetica** dei vocaboli con traduzione.
- **Trascrizioni** dei testi dei CD audio (le trascrizioni degli ascolti spontanei si trovano in questa guida).
- **Soluzioni** dell'eserciziario.
- **Tabella** dei verbi integrata nella copertina (in forma di pieghevole).

Fino alla quinta unità le consegne sono in italiano e nella lingua di partenza dei corsisti. Dalla sesta unità le consegne più semplici sono esclusivamente in italiano, mentre quelle più complesse sono tradotte.

3.1 Struttura dell'unità

Il corso è previsto per ca. 90 ore di lezione. Ovviamente si può adattare anche ad altre esigenze, per esempio a corsi con meno ore, tralasciando in questo caso sezioni facoltative come i *Giri d'Italia* e parti degli *intermezzi* (p. es. le attività sulle strategie).

La prima pagina introduce sempre un argomento centrale dell'unità e alcuni elementi linguistici ad essa relativi. Qui si trovano una o più immagini che vogliono dare un impulso agli studenti ad avvicinarsi all'argomento partendo da una situazione conosciuta o riconoscibile. Viene stimolata così la loro fantasia con l'intento di attivare le preconoscenze.
Lo scopo della prima pagina è proprio quello di:

- **presentare** gli obiettivi dell'unità
- **introdurre** al tema dell'unità
- **attivare** le preconoscenze dei corsisti

Le pagine da 2 a 7 delle unità sono quelle in cui vengono offerti gli input di diversa natura e le attività.
Gli input possono essere costituiti da dialoghi o letture, ma anche, e in *Con piacere* succede molto spesso, da elementi grafici o visivi.
I realia presenti nel libro dello studente sono attuali e accattivanti e gli argomenti trattati contengono vari elementi di novità.

Input linguistici orali

Gli input linguistici orali sono rappresentati da ascolti di dialoghi stampati in modo integrale nel libro dello studente o da completare. Contengono una quantità limitata di materiale linguistico nuovo che viene poi ripresa, analizzata e ampliata nelle attività successive. Sono sempre introdotti da una domanda di comprensione globale e si consiglia di farli ascoltare la prima volta a libro chiuso allo scopo di abituare gli studenti all'ascolto della lingua.

Ascolti spontanei

Gli ascolti "spontanei" presenti nella sezione **Ascoltare e capire** sono registrati in modo improvvisato cioè senza un testo preesistente. Così come per gli input orali anche gli ascolti spontanei di *Con piacere* riprendono gli obiettivi previsti dal livello A1 del QCER.
Questi ascolti servono ad esercitare la comprensione globale, dettagliata o selettiva (p. es. minidialoghi, interviste, indicazioni stradali, annunci alla stazione, al supermercato, per la strada ecc.) e sono accompagnati da attività di comprensione da verificare in plenum. Si consiglia di far ascoltare ogni registrazione la prima volta a libro chiuso dopo aver introdotto il contesto comunicativo in cui si svolge. L'ascolto va ripetuto più volte, sempre seguito da un confronto tra compagni che favorisce lo scambio di informazioni e dalla verifica dei risultati in plenum.

→ **Tipp** Se avete un gruppo numeroso oppure poco spazio per muovervi all'interno dell'aula, potete usare la tecnica "dell'ambasciatore". Invece di discutere in coppia su quanto ascoltato e poi cambiare ad ogni nuovo ascolto il partner, dividete gli studenti in gruppi. Ogni gruppo dovrà eleggere un ambasciatore che andrà in missione: al termine della discussione avrà il compito di riportare in un altro gruppo le informazioni discusse all'interno del gruppo di partenza. In questo modo in ogni gruppo arriveranno sempre nuove informazioni (così come accade negli scambi di coppia).

Input linguistici scritti

Lo spunto è offerto da materiale autentico a volte leggermente adattato, come moduli, prospetti, dépliant, pubblicità varie, menu, articoli di giornale, siti internet ecc. Un punto di forza del manuale sono proprio i realia originali e accattivanti.
Per quanto riguarda i temi trattati, si è cercato di introdurre anche tematiche meno conosciute oltre a quelle classiche che si trovano in ogni manuale. Un esempio per tutti è la "Trattoria degli amici", gestita dalla Comunità di Sant'Egidio e dove vi lavorano tredici persone disabili (unità 3, pag. 34).
Alcuni testi come le letture a pag. 26, 51 e 85 hanno la funzione di abituare alla comprensione scritta sia essa globale, dettagliata o selettiva. Questi testi non hanno quindi lo scopo di presentare o analizzare fenomeni grammaticali nuovi. Per i testi della sezione *Giro d'Italia* rimandiamo alla pagina successiva.

Produzione orale

Con piacere attribuisce grande importanza alle attività che favoriscono una produzione orale libera. La produzione orale ha come scopo lo sviluppo della competenza comunicativa e in *Con piacere* è guidata da compiti riguardanti la sfera pubblica e privata, racconti di esperienze personali, discussioni su temi legati all'Italia anche in prospettiva interculturale.

Come indicazione di base, è opportuno non correggere puntualmente ogni errore interrompendo in questo modo lo studente, bensì privilegiare l'aspetto comunicativo della produzione orale e proporre successivamente una discussione in plenum degli errori più comuni o invitare alla correzione tra studenti. L'errore fa parte dell'apprendimento e compito del docente è di aiutare il corsista a ottenere un'efficace comunicazione la quale non dipende solo e necessariamente da una corretta espressione grammaticale. Ci sono momenti in cui si deve correggere (per esempio quando il messaggio è incomprensibile) e altri in cui non si dovrebbe intervenire, per evitare che lo studente sviluppi una paura di sbagliare con un conseguente stato d'ansia che potrebbe compromettere l'intero processo di apprendimento. La sezione **Sbagliando s'impara**, presente in ogni *intermezzo*, tematizza proprio quest'aspetto.

Produzione scritta

Alla produzione scritta sono dedicate una ricca tipologia di attività come scrivere un'e-mail, stilare una lista, prendere appunti, scrivere qualche frase sulla propria città, su un viaggio fatto ecc.

Al termine di ogni unità è previsto sempre un compito di produzione scritta da inserire nel **dossier**. Il **dossier** offre allo studente l'opportunità di selezionare e raccogliere documenti che illustrano i risultati e le esperienze del proprio apprendimento linguistico (tra l'altro la compilazione di un formulario, la creazione di un biglietto da visita, la classica cartolina dalle vacanze, la stesura di un prospetto e di un annuncio ecc.).

Funzione dei riquadri

I riquadri sono di diverso colore. I riquadri con il contorno verde o completamente verdi (chiamati in questa guida rispettivamente "cornici" e "specchietti") hanno la funzione di evidenziare la coniugazione dei verbi, un aspetto grammaticale ecc. I riquadri con la cornice rossa mettono in risalto il lessico e le espressioni utili per la comunicazione orale. Anche i fumetti (sempre con il contorno arancione) presentano esempi utili per la comunicazione orale.

Tutti i riquadri hanno quindi lo scopo di evidenziare le strutture grammaticali e quelle comunicative presenti negli input. Molto spesso presentano delle parti che devono essere completate dai corsisti con informazioni che si possono facilmente ricavare dai testi (scritti o orali). Essi sono sempre accompagnati da una domanda che aiuta lo studente a riconoscere le strutture da prendere in esame. L'approccio del materiale grammaticale è basato sulla teoria dell'apprendimento induttivo, quindi è necessario lasciare agli studenti il tempo necessario per riflettere sulla regola da soli, a coppie o in gruppo. In questo modo sarà per loro più facile ricordarsi una regola o una coniugazione.

→ **Tipp** Alcune tecniche per l'utilizzo dei riquadri da completare:

- Si lascia agli studenti il tempo di completare individualmente il riquadro e di verificare poi con il vicino di destra e di sinistra l'esattezza della riflessione.
- Si dividono i corsisti in gruppi: ogni gruppo completa il riquadro e cerca di dedurre la regola grammaticale. Al termine, sulla base delle riflessioni fatte dagli studenti, si discute la regola in plenum.
- Mentre gli studenti completano il riquadro singolarmente l'insegnante lo riproduce alla lavagna. In plenum l'insegnante completerà il riquadro con l'aiuto dei suggerimenti dei corsisti.

Funzione dei simboli

I simboli utilizzati nel libro dello studente sono 6 e hanno lo scopo di facilitare l'utilizzo del manuale.

▶ 1/23 Rappresenta la numerazione di tutti gli ascolti presenti sui due CD audio. Il primo numero si riferisce al CD (CD1, CD2).

✎ 1-2, S. 124 Indica gli esercizi presenti nell'eserciziario che fanno riferimento all'argomento appena trattato.

Rappresenta tutti quegli esercizi comunicativi che implicano un movimento degli studenti.

Indica gli esercizi da svolgere in coppia.

Questo simbolo lo si trova per ogni attività da svolgere in gruppo.

→ 37 Presente sulla pagina riassuntiva grammaticale, questo numero segnala sempre il paragrafo corrispondente nella grammatica sistematica.

Giro d'Italia

Il **Giro d'Italia** è un'altra grande novità di questo manuale. Acquisire una lingua straniera significa anche imparare a conoscere la cultura del paese straniero

di cui si studia l'idioma (in questo caso l'italiano). Per questo motivo, oltre alle classiche informazioni di *civiltà* (che si trovano in varie forme in tutte le unità del manuale) le autrici hanno pensato di dedicare l'ottava pagina di ogni unità ad una regione d'Italia. Non si tratta di una scheda con appunti di cultura o geografia, ma di una pagina scritta da italiani, nati e cresciuti in quella regione, di cui vengono descritti alcuni aspetti da un punto di vista personale. Il contenuto del Giro è sempre contestualizzato rispetto al tema dell'unità.
È una pagina questa, ricca di informazioni culturali, geografiche, culinarie, storiche, artistiche ecc. Anche in questo caso è presente il confronto interculturale sugli aspetti della regione italiana presentata e il paese / la regione di appartenenza degli studenti. Le attività del Giro si prestano al lavoro di gruppo e stimolano alla conversazione. Una sezione pensata per conoscere meglio l'Italia e gli italiani!

Per comunicare e Per il dossier

Sono queste le due rubriche finali di ogni unità prima della grammatica riassuntiva. La rubrica **Per comunicare** vuole essere uno strumento di ricapitolazione del lessico e delle funzioni comunicative presentate nell'unità. Ogni studente è invitato a personalizzare la propria raccolta di frasi e di parole in base alle proprie necessità. Oltre alle funzioni comunicative presentate e praticate durante l'unità, vengono anche presentate ulteriori funzioni comunicative importanti per il tema trattato.
La fase successiva è rappresentata dalla rubrica **Per il dossier** che rappresenta il contenitore dei "prodotti" linguistici creati da ogni singolo corsista e che vanno a far parte del *Portfolio* di ciascuno. Durante la prima lezione potete presentare ai vostri corsisti questa sezione dell'unità, pregando loro di procurarsi un raccoglitore in cui ogni volta inseriranno i loro prodotti linguistici.

Grammatica

Una pagina di grammatica riassuntiva conclude ogni unità. La struttura compatta con schemi chiari e spiegazioni pregnanti ne fanno uno strumento utile per lo studio e il ripasso individuale a casa.

→ **Tipp** Per fissare le forme grammaticali sono sempre utili i giochi con i dadi. Basta per esempio una lista di verbi all'infinito, la persona e il numero saranno indicati al momento del lancio del dado e il gioco è fatto! Un'attività di questo genere la potete adattare a quasi tutti gli argomenti grammaticali. Anche le carte sono una tecnica molto sfruttata per giocare con la grammatica. Per esempio, per fissare o ripetere le preposizioni di luogo, potreste preparare delle carte con immagini di luoghi da raggiungere chiedendo agli studenti di rispondere alla domanda: *dove vai?* In base al luogo rappresentato (ristorante, pizzeria, farmacia ecc.) dovranno scegliere la giusta preposizione e rispondere: *io vado ...* Questa attività si può svolgere in coppia così come in gruppo. Semplici idee per ripetere giocando.

3.2 Un'unità particolare: l'intermezzo

Gli *intermezzi* si trovano dopo le unità 3, 6 e 9 e sono costituiti da 4 pagine ciascuno. Lo scopo di queste unità è molteplice:

- rendere consapevole lo studente circa il proprio processo di apprendimento e il livello raggiunto.
- Far riconoscere agli studenti i metodi di apprendimento per loro più efficaci.
- Rendere gli studenti consapevoli delle differenze culturali esistenti tra la lingua e la cultura italiana e quella del loro paese di appartenenza.

Gli *intermezzi* presentano al loro interno strategie di apprendimento (**Per imparare meglio**) e, molto importante, una parte dedicata all'errore e al suo riconoscimento dal titolo **Sbagliando s'impara**. Scopo di questa sezione è far riflettere su quanto sia fondamentale (e inevitabile) fare errori e su come lavorarci sopra per far avanzare le proprie competenze e quindi migliorare.
Altra caratteristica degli *intermezzi* è la sezione **Una lingua, una cultura** in cui viene proposto un confronto interculturale tra alcune situazioni tipiche del mondo italiano, messe a confronto con il paese di origine dei corsisti. In queste attività si fa riflettere su alcuni aspetti socio-culturali e pragmatici (come il comportamento al bar, a tavola, la puntualità ecc.), che rappresentano una componente essenziale della comunicazione. Non si tratta di valutare quale comportamento sia migliore ma di rilevare le differenze esistenti tra due culture per una maggiore comprensione. Questi aspetti sono i più difficili da presentare, ma anche i più importanti al fine di non creare fraintendimenti durante l'evento comunicativo.
Ogni *intermezzo* si conclude con un gioco didattico dal titolo **Giochiamo insieme** che prevede la revisione e il reimpiego lessicale delle funzioni comunicative, della grammatica e del lessico appreso nelle 3 unità precedenti in modo ludico e creativo.

3.3 L'eserciziario

L'eserciziario, presente nella seconda parte del manuale, è costituito da 6 pagine per ogni unità e da 3 **Test** di ripasso e verifica. Caratteristiche principali sono la varietà e la grande quantità di esercizi offerti. Questi si distinguono in attività di fissaggio, di pronuncia, di ascolto, di comprensione scritta e interculturali (il confronto interculturale è una presenza costante nel manuale), tutti pensati per il lavoro individuale a casa, ma volendo, anche da impiegare durante la lezione. Gli esercizi seguono naturalmente la progressione tematica, lessicale, grammaticale e comunicativa delle rispettive unità del libro dello studente (in cui compare sempre un richiamo all'eserciziario con la numerazione delle attività e delle pagine ad esse corrispondenti). In appendice si trovano tutte le trascrizioni e le soluzioni degli esercizi.
La rubrica sull'ultima pagina di ogni unità, **Lernen mit System**, è stata appositamente pensata per fornire agli studenti dei consigli pratici sui metodi di apprendimento. Spesso, infatti, i cattivi risultati durante un corso di lingua straniera non sono altro che la conseguenza di un metodo di lavoro sbagliato. Riflettere sul proprio modo di acquisire una lingua, imparando quindi ad imparare, è ciò che vogliono raggiungere le autrici con i loro suggerimenti. In questa rubrica sono presentate anche delle attività che mettono in pratica il consiglio di apprendimento proposto.
La rubrica **Portfolio** conclude ogni unità dell'eserciziario. Questo è il momento dell'autovalutazione in cui ogni corsista deve quantificare i propri progressi e l'eventuale necessità di ripetizione di alcuni argomenti (grammaticali, lessicali, comunicativi orali / scritti ecc.), presenti all'interno dell'unità appena affrontata. Per ogni affermazione con "Ich kann ..." è indicata la pagina del libro di testo e l'/le attività in cui è stato trattato l'argomento affinché gli studenti possano eventualmente ritornarci sopra e ripeterlo.
Non dimentichiamo poi i tre **Test** di 2 pagine (dopo le unità 3, 6 e 9). In questi test, forniti di chiavi per l'autovalutazione, ma utilizzabili anche in classe (all'insegnante la scelta di come impiegarli), si offre la possibilità di valutare le abilità di ascolto e di scrittura così come la grammatica e il lessico. In questo modo lo studente può realizzare un bilancio obiettivo delle proprie competenze. Una volta superato positivamente il terzo test, lo studente potrà essere fiero di aver raggiunto il livello A1 del QCER.

4. La guida dell'insegnante

Questa guida segue l'ordine di apparizione delle attività presenti nel libro dello studente. Per ogni attività viene indicato l'**obiettivo** che si vuole raggiungere, il **procedimento** e le **soluzioni** degli esercizi previsti nel libro dello studente. Ci sono inoltre degli *infobox* con informazioni riguardanti determinati aspetti culturali, **attività supplementari** da svolgere in classe e per ogni unità un **Ricapitoliamo!** e cioè un gioco riassuntivo, comprensivo di materiale fotocopiabile. Si è cercato di proporre dei giochi che permettano di approfondire i temi delle singole unità in modo semplice, divertente e motivante. Tutte le schede fotocopiabili si trovano in fondo alla guida.
Naturalmente *Con piacere* prevede anche dei materiali supplementari scaricabili gratuitamente dal sito **www.klett.de/conpiacere**.

5. Suggerimenti pratici per l'insegnamento

Ricordate che la vostra lezione sarà più vivace se varierete la modalità di lavoro. Alternate spesso il lavoro di coppia con quello a piccoli gruppi e in plenum ed evitate che i singoli studenti entrino in contatto sempre con le medesime persone. Anche la formazione delle coppie può diventare un momento divertente della lezione se saprete sfruttarlo in modo ludico.
Uno dei sistemi per formare delle coppie in modo ludico è il *memory*, una tecnica semplice per voi da preparare e facile da capire per i vostri studenti.

→ **Tipp** Per il *memory* vi basta distribuire agli studenti delle carte con delle foto o dei simboli e chi ha la medesima foto / simbolo forma una coppia.
Un'altra tecnica un po' più creativa prevede delle carte che a coppie hanno sempre un'associazione di tipo logico come p. es. tazzina di caffè – cucchiaino, cielo azzurro – sole ecc.
Se il numero complessivo degli studenti non è troppo alto, sono sempre ben graditi dei piccoli premi per i vincitori dei giochi: basta un cioccolatino per rendere felice un corsista!
Quando correggete su carta evitate il colore rosso che, usato in abbondanza, deprime lo studente e utilizzate invece il colore verde, dicendo magari che è il colore della speranza e quindi del miglioramento. Come feedback potete utilizzare anche dei timbri per insegnanti che rappresentano degli smiley. I corsisti capiranno subito se hanno scritto un *buon testo* ☺, uno *medio* 😐

o uno *scorretto* ☹. Negli ultimi due casi gli studenti saranno felici di ricevere durante le lezioni successive una faccina sorridente: il tutto senza la frustrazione di un voto!

6. Suggerimenti per la prima ora di lezione

Un proverbio italiano dice "il buon giorno si vede dal mattino" e ciò vale anche per un buon corso d'italiano. Se riuscirete a realizzare fin dall'inizio un buon clima all'interno del gruppo, sarete già "a metà dell'opera"! Qui forniamo dei suggerimenti per affrontare la prima ora di lezione lavorando con l'unità introduttiva "Benvenuti in Italia!".

Se possibile cercate di organizzare l'aula con i banchi a forma di ferro di cavallo o in cerchio in modo che tutti si possano vedere e non ci si senta in una classe d'altri tempi dove l'insegnante si trovava in cattedra.
L'insegnante dovrà far parte di questo quadro con una posizione non frontale ma di *facilitatore* nel processo di apprendimento. Non fornirà quindi delle informazioni, ma accompagnerà in modo induttivo i corsisti alla scoperta della lingua straniera.
Presentatevi brevemente e poi date anche ai vostri studenti la possibilità di presentarsi. A gruppi di max. 4 persone si porranno alcune domande (come si chiamano, perché studiano l'italiano, se hanno già frequentato dei corsi d'italiano, se sono già stati in Italia e dove ecc.). Naturalmente all'interno di un gruppo di principianti la lingua utilizzata sarà quella dei corsisti.
Potete anche scegliere di consegnare le stesse domande sotto forma di questionario che consegnerete ad ogni gruppo (di max. 4–5 persone) pregando loro di discutere insieme le risposte. Dopo alcuni minuti un rappresentante del gruppo riferirà i risultati della discussione al resto dei corsisti.

- Wie heißt du? / Wie heißen Sie?
- Aus welchem Grund lernst du / lernen Sie Italienisch?
- Hast du / Haben Sie schon einen Italienischkurs besucht oder auf anderen Wegen Vorkenntnisse erworben?
- Bist du / Sind Sie schon in Italien gewesen? Wenn ja, wo?
- Welche Erwartungen hast du / haben Sie an diesen Kurs?

Dopo le presentazioni procedete con una breve spiegazione della struttura del manuale che accompagnerà gli studenti: *Con piacere*. Se i vostri studenti conosceranno la struttura e le potenzialità del manuale, saranno in grado di sfruttarlo al meglio. Ponete l'accento sul fatto che il *piacere* di imparare la lingua in modo comunicativo sarà alla base di questo manuale e del vostro corso.

L'unità introduttiva di *Con piacere* rappresenta una vera e propria novità rispetto ai manuali di lingua italiana finora pubblicati. Ciò che normalmente gli insegnanti dovevano preparare autonomamente (la cosiddetta *lezione rompighiaccio*) è questa volta presente, facilitando e alleggerendo il lavoro dell'insegnante. Questa unità rappresenta un primo approccio con la lingua italiana attraverso immagini, un ascolto e le prime funzioni comunicative. In particolare le immagini iniziali hanno la funzione di stimolare le preconoscenze degli studenti (sicuramente conoscono già molte parole italiane e questo darà loro un senso di soddisfazione!).

Non ci resta quindi che augurarvi buon lavoro e soprattutto di insegnare "con piacere"!

Benvenuti in Italia!

Temi	■ stabilire un primo contatto con il mondo italiano ■ attivare preconoscenze della lingua italiana
Lessico	■ saluti ■ numeri da 0 a 20
Obiettivi	■ salutare ■ presentarsi ■ chiedere a qualcuno il nome ■ espressioni utili per la comprensione
Grammatica	■ le prime tre persone del verbo *essere* ■ i pronomi personali (prime tre persone)

Cari insegnanti, un proverbio italiano dice "Chi ben comincia, è a metà dell'opera" e per questo vi abbiamo dedicato alcuni consigli utili per la prima ora di lezione che potete trovare nell'introduzione a pag. 10 di questa guida.

1 | Guardate le foto.

Obiettivo Introdurre al tema dell'unità e attivare le preconoscenze degli studenti.

Procedimento Per cominciare osservate insieme agli studenti le foto (la prima rappresenta Massa Marittima in Toscana e la penultima è Piazza Navona a Roma). Se volete, potete riprodurre su lucido le immagini e quindi proiettarle sulla parete. Potete anche mettere una musica italiana di sottofondo in modo da rendere l'atmosfera il più possibile "italiana".
Dividete i corsisti in gruppi di 3–4 persone (dipende dal numero di partecipanti) e chiedete loro: *dove siamo? Che cosa vedete? Siete davvero principianti o conoscete già qualche parola in italiano?* A questo livello, per una maggiore comprensibilità, l'insegnante può naturalmente tradurre le domande nella lingua di partenza. Date agli studenti cinque minuti di tempo per raccogliere tutte le parole già note in italiano. Se volete potete anche dividerle in 4 categorie ad esempio "natura e paesaggio", "personaggi famosi della cultura italiana", "cose da mangiare e da bere", "architettura e opere d'arte". Riportate le parole alla lavagna (in plenum).

2 | L'Italia è ... Ascoltate.

Obiettivo Esercitare la comprensione auditiva attivando le preconoscenze riguardo al lessico legato all'Italia.

Procedimento Invitate i corsisti ad ascoltare la registrazione chiedendo loro di concentrarsi sui rumori e sulle parole sentite. Contemporaneamente chiedete loro di osservare le foto sul libro o proiettate sulla parete. Ci sono delle parole che riconoscono e che sono rappresentate nelle immagini? Quali parole li legano particolarmente all'Italia? L'attività di preparazione svolta in precedenza dovrebbe essere d'aiuto in questa fase di ascolto.
Se lo ritenete necessario potete far ascoltare ancora le tre parti separatamente.

3 | Leggete, riascoltate e mettete una crocetta.

Obiettivo Esercitare la comprensione auditiva dettagliata.

Procedimento Chiedete ai partecipanti di leggere ognuno per sé la lista di parole ed eventualmente spiegate quelle che sono sconosciute. Terminata questa prima fase, dite ai corsisti che ascolteranno ancora una volta la registrazione e che dovranno segnare con una crocetta le parole che sentono. Verificate in plenum.

Soluzione *cultura, monumenti, piazza San Marco, bel canto, aperitivo, bar, colori, basilico, sole, piacere di vivere, alta montagna, mare azzurro*

I numeri

4 | Ascoltate, leggete e ripetete.

Obiettivo Presentare i numeri da 0 a 20.

Procedimento Prima di far ascoltare i numeri potete chiedere se c'è qualcuno fra i corsisti che conosce qualche numero tra 0 e 20. Trascrivete alla lavagna i numeri che vi diranno. Fate ascoltare la registrazione una prima volta a libro chiuso facendo ripetere i numeri. Riascoltate quindi una seconda volta a libro aperto, associando l'ascolto alla lettura ad alta voce.

5 | Le parole più belle: fate una classifica.

Obiettivo Lavorare con il lessico nuovo e fissare i numeri da 1 a 5.

Procedimento Lasciate agli studenti tre minuti di tempo per scrivere le cinque parole che gli piacciono di più in italiano partendo dalla più bella (le parole dell'att. 3 possono essere d'aiuto, ma non si dovrebbero limitare solo a quelle!). Formate adesso dei gruppi e lasciate che i partecipanti confrontino le loro scelte come riportato nell'esempio. Segue un confronto orale in plenum.
L'insegnante volendo può scrivere le parole degli studenti alla lavagna.

6 | Scrivete sei numeri e leggeteli al compagno.

Obiettivo Esercitare i numeri da 0 a 20.

Procedimento Chiedete ad ogni studente di scrivere su un foglio sei numeri a piacere da 0 a 20. Terminata questa prima fase dividete i corsisti in coppie e chiedete ad ognuno di dettare al proprio vicino i numeri scelti. Al termine invitateli a verificare quanto trascritto.

7 | Occhio ai numeri! Fate il test.

Obiettivo Fissare i numeri da 0 a 20.

Procedimento Lavoro in coppia. A turno ogni studente mostra al compagno ad una distanza di due metri i numeri presenti sulla pagina. Ogni studente a turno cercherà di leggerli.

Presentazioni

8 | Chi dà del tu? Chi dà del Lei? Ascoltate.

Obiettivo Riconoscere le persone che si danno del *tu* e del *Lei*.

Procedimento Dite ai corsisti di guardare le due immagini e di ascoltare i due dialoghi senza leggere il testo. Chiedete quindi loro di provare a capire *chi si dà del tu* (situazione informale) e *chi si dà del Lei* (situazione formale). Da che cosa lo hanno capito? Atteggiamento, abbigliamento, forme di saluto ecc.
Fate quindi riascoltare e leggere i dialoghi. Fate poi notare le espressioni utili per presentarsi in una situazione formale e informale.

9 | E ora in movimento! Fate conoscenza.

Obiettivo Esercitare la competenza comunicativa orale. Funzione comunicativa: "presentarsi a qualcuno in modo informale e formale".

Procedimento Invitate gli studenti a girare per l'aula e a presentarsi ai diversi compagni con nome e cognome oppure più amichevolmente solo con il nome. Quest'attività è utile per conoscere gli altri partecipanti in una delle prime serate di corso.

10 | È Lei ...? Preparate un cartellino.

Obiettivo Esercitare la competenza comunicativa orale. Funzione comunicativa: "chiedere a qualcuno chi è".

Procedimento Fate lavorare in gruppi di 5 persone. Consegnate ad ogni corsista un cartellino su cui scriverà sopra il proprio nome e cognome. Raccogliete i cartellini con i nomi e ridistribuiteli. A questo punto ogni partecipante dovrà cercare la persona indicata sul proprio cartellino utilizzando le espressioni date come esempio.
Prima di iniziare l'attività, ricordatevi di far notare l'uso di *signor / signora* davanti ai cognomi e l'espressione *molto lieto/-a* come indicato nella cornice a sinistra.

> Fate notare che l'uso del *tu* è molto più diffuso in Italia che in Germania. Negli ambienti di lavoro i colleghi tendono a darsi quasi subito del tu. Anche tra i ragazzi sotto i trent'anni ci si dà facilmente del tu. Il *Lei* è utilizzato in situazioni altamente formali o quando i giovani si rivolgono agli anziani.

11 | Chi è? Guardate le foto e scrivete i nomi.

Obiettivo Riconoscere personaggi famosi ed esercitare *lui è ... / lei è ...*

Procedimento Chiedete agli studenti di abbinare ad ogni fotografia il nome e cognome della persona famosa corrispondente utilizzando la struttura *lui è ... / lei è ...*

Soluzione *lei è Cecilia Bartoli (cantante lirica); lui è Renzo Piano (architetto); lei è Margherita Hack (scienziata); lui è Giovanni Trapattoni (allenatore di calcio).*

→ **Attività supplementare** Chiedete ai corsisti se conoscono altri personaggi famosi italiani. Dite loro di lavorare in coppia e di scrivere una lista di attori, cantanti, scrittori e sportivi italiani. Riportate in plenum i risultati.

12 | Completate.

Obiettivo Analisi linguistica: le prime tre persone singolari del verbo *essere*.

Procedimento Chiedete ai vostri corsisti di rileggere i testi delle attivià 10 e 11 e di completare lo specchietto. Fate notare che normalmente in italiano i pronomi personali non sono espressi (dal verbo si capisce la persona). Sono usati invece, quando si vuole porre l'accento sulla persona che compie l'azione.

Soluzione *sei, è*

13 | E ora in movimento! Presentatevi.

Obiettivo Esercitare la competenza comunicativa orale. Funzione comunicativa: "presentarsi a qualcuno".

Procedimento Chiedete ai vostri corsisti di sedersi in ordine alfabetico in base alla vocale o alla consonante con cui inizia il proprio nome. Gli studenti devono quindi presentarsi tra di loro per trovare il proprio posto. Quando sono in ordine il primo della fila presenta sé stesso e la persona dietro di lui come nell'esempio in corsivo. Il secondo presenta a sua volta sé stesso e la persona dopo e così via.

Saluti

14 | Non solo ciao! Cercate i saluti.

Obiettivo Riconoscere le formule di saluto in italiano.

Procedimento Chiedete ai corsisti di individuare le forme di saluto in italiano. Domandate anche se conoscono le altre forme di saluto nelle altre lingue e cosa significano.

Soluzione
saluti italiani: *ciao, salve, buongiorno, buonanotte, arrivederci, arrivederla*
altri saluti: *Bun ziua* – buongiorno, *la revedere* – arrivederci (romeno); *Goedemorgen* – buongiorno (olandese); *Hola* – ciao, *Buenos días* – buongiorno, *Adiós* – arrivederci (spagnolo); *God dag* – buongiorno (norvegese e danese); *viszontlátásra* – arrivederci (ungherese); *Moin* – ciao (danese); *Bom dia* – buongiorno, *adeus* – arrivederci (portoghese); *Güle Güle* – ciao (turco); *Salut* – ciao, *bonsoir* – buonasera (francese)

Il bacio (su tutte e due le guance) è molto usato tra amici, anche uomini, mentre tra conoscenti ci si dà in genere la mano.
Per quanto riguarda i saluti *ciao* è un saluto informale che si pronuncia quando ci si incontra e quando ci si lascia. *Buongiorno* e *buonasera* sono utilizzati in una situazione più formale. Curiosamente in italiano non esiste un saluto specifico del mattino (come nelle lingue germaniche come il tedesco, l'olandese, l'inglese o le lingue scandinave). Si dice, infatti, *buongiorno* dalla mattina fino al pomeriggio. Nelle regioni centrali invece, si dice spesso buonasera già a partire del primo pomeriggio.
Salve è il saluto amichevole anche per persone che si danno del Lei e si utilizza soprattutto in quei casi in cui ci siano incertezze sul grado di formalità del registro da tenere con l'interlocutore.
Piacere lo diciamo quando ci viene presentato qualcuno.

Frasi utili

15 | Che cosa dite se ...? Ascoltate.

Obiettivo Esercitare la comprensione auditiva e imparare frasi utili.

Procedimento
a Chiedete ai vostri corsisti di ascoltare i dialoghi in cui vengono presentate delle frasi utili per la lezione d'italiano. Chiedete quindi di abbinare le espressioni in italiano con la traduzione corrispondente.
b Fate riascoltare i dialoghi una seconda volta e chiedete di controllare in coppia. Verificate quindi in plenum l'esattezza degli abbinamenti.

Soluzione *1, 6, 2, 3, 7, 5, 4*

→ **Attività supplementare** Portate un cartellone su cui gli studenti potranno trascrivere le frasi utili (eventualmente con la loro traduzione nella lingua di partenza tra parentesi). Potete a questo punto appendere il cartellone in una posizione visibile a tutti. Se non fosse per voi possibile appenderlo alla parete potete fissarlo alla lavagna con dei tasselli magnetici. Da questo momento in poi tutte le richieste degli studenti dovranno essere formulate in italiano e il cartellone sarà loro d'aiuto.

1 Piacere di conoscervi!

Tema	■ dare informazioni su sé stessi e su altre persone
Lessico	■ nazioni e nazionalità ■ musica e strumenti musicali ■ lingue ■ numeri da 21 a 10.000
Obiettivi	■ chiedere il nome ■ chiedere la provenienza ■ chiedere l'indirizzo e il numero di telefono ■ spiegare perché si studia l'italiano
Grammatica	■ gli aggettivi di nazionalità ■ i verbi *essere* e *avere* ■ il verbo *chiamarsi* (sing.) ■ i verbi regolari in *-are* ■ il sostantivo (sing.) e l'articolo determinativo *(il, la, l')* ■ i pronomi personali *(noi, voi, loro)* ■ i pronomi interrogativi *come, (di) dove, quale, qual, quali, perché*
Pronuncia	■ i suoni [tʃ], [k], [ʤ], [g] e *ci / gi*

La storia dell'*Orchestra di Piazza Vittorio* parte dal quartiere romano Esquilino, il cui cuore è una piazza: Piazza Vittorio. Luogo di passaggio e di convivenza per tante nazionalità, la sua atmosfera ha ispirato Mario Tronco che ha fondato nel 2002 l'Orchestra di Piazza Vittorio. Tanti musicisti differenti tra loro per origini, strumenti, esperienze. Tutti insieme appassionatamente in un'orchestra che suona e reinventa la musica del mondo con una nuova energia. L'orchestra è oggi famosa in Italia e all'estero. Per il sito internet rimandiamo a www.klett.de/conpiacere.

1 | Leggete il titolo. Quali parole capite?

Obiettivo Introdurre al tema dell'unità e attivare le preconoscenze degli studenti.

Procedimento Chiedete agli studenti di leggere il titolo sopra la foto e di sottolineare le parole che conoscono.
Dite loro di fare delle ipotesi sulle persone fotografate: *chi sono? Che cosa fanno? Sono tutti italiani? Che tipo di musica suonano?*
Scrivete alla lavagna la parola *musica* e raccogliete (brainstorming) tutte le parole conosciute dagli studenti riguardo questa sfera semantica (strumenti, generi musicali, termini particolari ecc.).
Nota: il nome *Papageno* nell'articolo originale era scritto *Papagheno* in modo italianizzato (*gh*). In *Con piacere* si è però preferito utilizzare l'ortografia originaria di Mozart. Fate quindi notare ai corsisti la pronuncia del nome con la g occlusiva [g] e non affricata [ʤ].

2 | Chi sono? Leggete.

Obiettivo Ripresa e ampliamento della funzione comunicativa "presentarsi a qualcuno".

Procedimento Chiedete ai vostri corsisti di leggere i fumetti e di individuare le parole che servono per presentarsi. Riportate alla lavagna quanto individuato.

Soluzione *Mi chiamo …, Sono …*

3 | Gaia racconta. Ascoltate e sottolineate.

Obiettivo Esercitare la comprensione auditiva selettiva.

Procedimento Chiedete ai vostri studenti di guardare la foto a pag. 12 e di ascoltare quello che racconta Gaia su alcuni dei musicisti. Chiedete loro di sottolineare l'affermazione esatta tra quelle proposte a pag. 13.

Soluzione *Carlos è ecuadoriano (flauto); Eszter è ungherese; John è americano (violino).*

Paesi e nazionalità

4 | Completate e spiegate la regola.

Obiettivo Analisi linguistica: gli aggettivi di nazionalità.

Procedimento Invitate gli studenti a rileggere le affermazioni delle att. 2 e 3 e chiedete di completare gli specchietti con le desinenze e gli aggettivi mancanti. Fate completare la regola (cornice a destra) e fate riflettere sulle forme degli aggettivi di nazionalità.

Soluzione
♂ *-o, ecuadoriano / spagnolo / americano*
♀ *-a, -a, italiana*
♂♀ *-e, senegalese / ungherese / inglese*
cornice a destra: *-o, -a, -e*

5 | Guardate la cartina.

Obiettivo Imparare i nomi delle nazioni.

Procedimento Chiedete ai corsisti di abbinare i nomi agli stati corrispondenti sulla cartina d'Europa.

Soluzione Si veda la cartina a fondo pagina.

6 | Dove siamo? Ascoltate.

Obiettivo Esercitare i nomi delle nazioni.

Procedimento Chiedete ai vostri studenti di ascoltare la registrazione e di indicare per ogni suono, musica o voce ascoltata, il paese di provenienza.

Soluzione *1. Spagna; 2. Svizzera; 3. Tunisia; 4. Austria; 5. Irlanda; 6. Italia; 7. Grecia; 8. Francia*

Trascrizione ▶ 1/6

1. flamenco
2. suoni di campanacci e *Grüezi mitenand'!*
3. tunisino che parla
4. walzer (Johann Strauss: *An der schönen blauen Donau*)
5. fiddle medley
6. *Funiculì Funiculà*
7. *Zorbas* (*Sirtaki*)
8. musette

Chi sono? Dove abitano?

7 | Leggete e poi rispondete.

Obiettivo Esercitare la comprensione scritta dettagliata.

Procedimento Chiedete ai vostri studenti di leggere il testo sui due musicisti tunisini e di scegliere per ognuna delle quattro domande la risposta corretta tra le due possibilità indicate.

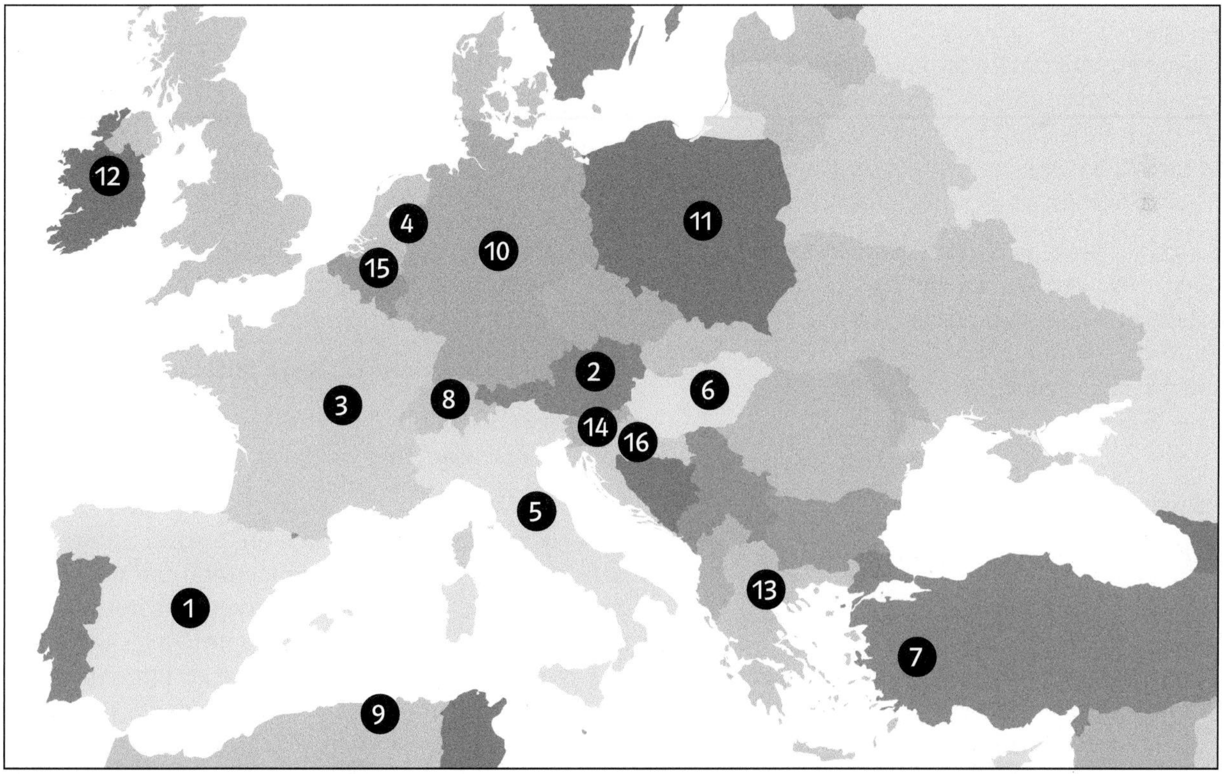

1 *Spagna*
2 *Austria*
3 *Francia*
4 *Olanda*
5 *Italia*
6 *Ungheria*
7 *Turchia*
8 *Svizzera*
9 *Tunisia*
10 *Germania*
11 *Polonia*
12 *Irlanda*
13 *Grecia*
14 *Slovenia*
15 *Belgio*
16 *Croazia*

Date la pronuncia dello strumento arabo *ud* e dei nomi tunisini (in arabo colto: ᶜūd, ziyād al-Ṭrabilsī, ḫusayn al-atā).
Fate notare che il verbo *chiamarsi* significa letteralmente *sich nennen*. Spiegate che per il momento è importante conoscere soltanto le prime tre persone che sono presentate nello specchietto verde. Non vi mettete a spiegare i verbi riflessivi, questo argomento grammaticale sarà affrontato nell'unità 6.

Soluzione *Trabelsi, di Tunisi, l'ud, a Roma*

8 | Cercate i verbi e completate la tabella.

Obiettivo Analisi linguistica: il presente dei verbi *essere* e *avere* e i verbi regolari in *-are*.

Procedimento Invitate gli studenti a rileggere il testo dell'att. 7 e a sottolineare tutti i verbi. Chiedete quindi di completare lo specchietto con le forme mancanti. Controllate in plenum i risultati.
A questo punto scrivete alla lavagna i verbi *cantare*, *suonare* e *guadagnare* e dite che si tratta di tre verbi regolari della prima coniugazione (cioè verbi in *-are*) che si comportano esattamente come *abitare* e *lavorare*. Chiedete agli studenti di dettarvi le forme delle diverse persone.
Durante questa attività potete far notare che in italiano la lettera *h* all'inizio di parola non viene pronunciata (come p. es. in *ho, hai, ha, hanno*). La *v* invece è sempre pronunciata come la *w* in tedesco (come p. es. in *Wort*).

Soluzione *sono, è, sono; ha, hanno; abitano; lavora*
cantare: *canto, canti, canta, cantiamo, cantate, cạntano*
suonare: *suono, suoni, suona, suoniamo, suonate, suọnano*
guadagnare: *guadagno, guadagni, guadagna, guadagniamo, guadagnate, guadạgnano*

9 | Fate la pantomima.

Obiettivo Esercitare in modo ludico i verbi della prima coniugazione.

Procedimento Dividete i vostri studenti in due squadre. Ogni squadra deve scegliere un verbo e cercare di mimarlo. L'altra squadra cerca a sua volta di indovinare di quale verbo si tratta. I verbi da mimare li potete assegnare voi oppure li può scegliere la squadra stessa.

10 | E ora in movimento! Giocate con i verbi.

Obiettivo Esercitare i verbi della prima coniugazione.

Procedimento Dite ai vostri studenti di scrivere su un foglietto un verbo all'infinito della prima coniugazione, *essere* o *avere* e su un altro un pronome personale. Chiedete loro di alzarsi e di andare in giro alla ricerca di un compagno. Quando l'hanno trovato devono entrambi coniugare il proprio verbo con il pronome scelto dal compagno. Una volta finito, si scambiano i biglietti e girano per l'aula in cerca di un altro compagno.

Di dove sei? Come ti chiami?

11 | Fate le domande e rispondete.

Obiettivo Esercitare la competenza comunicativa orale. Funzione comunicativa: "chiedere informazioni su altre persone e dare informazioni su sé stessi".

Procedimento Dividete in gruppi i vostri studenti e dite loro di farsi delle domande secondo gli esempi riportati nei fumetti cercando di trovare qualcuno che proviene da un'altra città o un altro paese, lavora in un altro comune, ha un nome o un cognome non comuni.
Al termine dell'attività ogni studente vi può dire una frase riguardante un compagno che voi potete riportare alla lavagna.
Fate infine notare che in italiano con l'espressione *essere + aggettivo di nazionalità* si intendono sia la nazionalità, sia la provenienza.

12 | E ora in movimento! Siete tutti musicisti.

Obiettivo Esercitare la competenza comunicativa orale e presentare nuovo lessico.

Procedimento I vostri corsisti diventano musicisti e devono partecipare ad un festival internazionale. Devono inventarsi un'identità nuova (nome, origine, luogo di residenza attuale, strumento musicale suonato). Fate notare i nomi degli strumenti e dite loro di girare per l'aula e di fare conoscenza con gli altri musicisti: p. es. *Buonasera, mi chiamo John Miller, sono americano. E Lei, come si chiama? – Io sono … suono il sassofono e Lei, quale/-i strumento/-i suona?* Per la spiegazione dei pronomi interrogativi *qual / quale / quali* potete fare riferimento alla grammatica pag. 21, punto 4.

Pronuncia

13 | Ascoltate, leggete e ripetete le parole.

Obiettivo Presentare la pronuncia dei suoni [tʃ], [k], [ʤ], [g] e di *ci / gi + a, o, u*.

Procedimento Dite ai vostri corsisti che ascolteranno delle parole e che dovranno ripeterle ogni volta. Al termine dell'attività spiegate eventuali vocaboli sconosciuti.

14 | Com'è la regola? Completate.

Obiettivo Riconoscere le regole di pronuncia.

Procedimento Dite ai vostri corsisti di rileggere le parole dell'att. 13 che hanno appena ascoltato e ripetuto e di completare a coppie le regole di pronuncia.

Soluzione Riportiamo qui alcuni esempi possibili: *k, Koffer / Kuchen / Kuss; g, gießen / Gruß / gern; das i wird nicht ausgesprochen.*

Studio l'italiano per ...

15 | Guardate il dépliant. A chi può interessare questo dépliant?

Obiettivo Fare delle ipotesi partendo da un'immagine.

Procedimento Chiedete ai vostri studenti di guardare il dépliant e di fare delle ipotesi. *Chi sono le persone fotografate? Cosa fanno secondo voi? Dove sono?*
Dopo questo primo momento di riflessione proponete la domanda della consegna. Risposta a scelta multipla.

Soluzione *un corso d'italiano.*

> Salerno è una città che si trova sul Mar Tirreno, nella regione Campania, a circa 50 chilometri di distanza da Napoli. È conosciuta soprattutto per la Scuola Medica Salernitana, la prima e più importante istituzione medica d'Europa all'inizio del Medioevo. Oltre al mare, Salerno offre la possibilità di visitare altri luoghi che si trovano nella zona, tra cui la famosa Costiera Amalfitana.

16 | Perché studiate l'italiano?

Obiettivo Presentare la funzione comunicativa "motivare una scelta".

Procedimento
a Dite ai vostri corsisti di leggere le diverse affermazioni e chiarite eventuali dubbi di comprensione. Chiedete quindi loro di scegliere, ognuno singolarmente, le motivazioni per cui ha scelto di studiare la lingua italiana (anche più di una) ed eventualmente di aggiungere quelle non presenti.
b Terminato questo primo compito, dividete gli studenti in gruppi e dite loro di confrontare le loro scelte. Alla fine, seguendo l'esempio in corsivo, potete stilare una statistica che prenda a campione l'intero corso.

17 | Per arrivare a Salerno prendiamo l'aereo a ...

Obiettivo Imparare i nomi delle città che interessano e introdurre qualche numero oltre 20.

Procedimento Formate dei gruppi. Chiedete ai vostri studenti di guardare la pubblicità dell'aeroporto di Napoli con la cartina delle varie destinazioni. Spiegate eventuali vocaboli sconosciuti. Dite loro che devono raggiungere Salerno che si trova a circa 50 chilometri di distanza da Napoli. Da quale città devono partire per raggiungere la sede del corso di lingua? Gli studenti devono rispondere come nell'esempio.

> Un'altra possibilità per migliorare le conoscenze di una lingua è il tandem. L'Università degli Studi di Torino gestisce un'*Agenzia eTandem* che mette in contatto gratuitamente partner *eTandem* di tutto il mondo e di tutte le lingue. L'apprendimento avviene per lettera, per e-mail o per telefono, con un partner la cui lingua madre è la lingua che si vuole imparare o migliorare.
> Per il sito rimandiamo a www.klett.de/conpiacere.

Ancora numeri

18 | Ascoltate e leggete.

Obiettivo Imparare i numeri da 21 a 10.000.

Procedimento Dite ai vostri studenti di ascoltare e ripetere in coro i numeri che sentono. Fate notare le particolarità di formazione evidenziate in neretto. Mettete in evidenza che i numeri cardinali sono tutti invariabili, tranne *uno* che fa al femminile *una* e *mille* che ha il plurale *mila* (*duemila, diecimila, centomila*).

19 | Chi scopre più numeri?

Obiettivo Riconoscere ed esercitare i numeri.

Procedimento A coppie chiedete agli studenti di individuare i numeri nascosti nel collage e di dirseli. Verificate in plenum.

20 | Contate.

Obiettivo Esercitare i numeri oralmente.

Procedimento A gruppi gli studenti contano le decine. Eventualmente potete far svolgere l'attività in modo corale in plenum.

Ecco l'indirizzo e il numero di telefono

21 | Jens e Lisa sono a Salerno. Ascoltate e rispondete.

Obiettivo Esercitare la comprensione auditiva globale e dettagliata.

Procedimento Chiedete agli studenti di ascoltare una prima volta il dialogo a libro chiuso. I corsisti prendono poi visione delle due domande presenti nella consegna. *Perché Jens e Lisa sono in Italia? Dove abitano a Salerno?* Fate quindi ascoltare una seconda volta e dite di prendere appunti. Al termine di questo secondo ascolto formate delle coppie e dite loro di scambiarsi le informazioni capite e di provare a rispondere alle domande.
Fate ascoltare una terza volta il dialogo, questa volta a libro aperto. Date 2 minuti di tempo in modo che le coppie possano verificare le loro precedenti ipotesi. Controllate in plenum.

Soluzione *Sono in Italia per frequentare un corso intensivo d'italiano. A Salerno abitano presso la famiglia Caruso.*

22 | E ora a voi! Scrivete il vostro indirizzo e il numero di telefono o di cellulare su un foglietto.

Obiettivo Esercitare la competenza comunicativa orale. Funzione comunicativa: "chiedere e comunicare l'indirizzo e il numero di telefono".

Procedimento Chiedete ai vostri corsisti di scrivere su un foglietto il proprio nome, l'indirizzo e il numero di telefono. Specificate che possono scrivere anche dei numeri e degli indirizzi inventati.
Raccogliete i foglietti, mischiateli e distribuiteli nuovamente. A questo punto uno studente a vostra scelta chiede il numero di telefono e l'indirizzo del proprio vicino, come nell'esempio del riquadro sinistro. Lo studente in possesso di queste informazioni le comunica agli altri, seguendo l'esempio del riquadro destro, e a sua volta chiede il numero e l'indirizzo del proprio vicino. Si prosegue in questo modo finché l'ultimo studente avrà parlato.

23 | Rileggete la conversazione e completate.

Obiettivo Analisi linguistica: uso dell'articolo determinativo al maschile e al femminile singolare.

Procedimento Fate notare che in italiano non esiste il genere neutro. L'articolo *lo* compare nell'unità 2 e lì viene sistematizzato.
Chiedete ai corsisti di rileggere ancora una volta il dialogo dell'att. 21 e di cercare le parole corrispondenti agli articoli da scrivere nello specchietto. Dite inoltre di completare la cornice a destra con la regola dei generi dei sostantivi e delle loro terminazioni.

Soluzione *il tenore / il signor / il numero; l'indirizzo; la cartina / la segretaria*
cornice a destra: *o, a, e, il, la, l'*

24 | Maschile o femminile?

Obiettivo Riconoscere i generi dei sostantivi.

Procedimento Formate dei gruppi e dite agli studenti di leggere la lista di sostantivi (chiarite eventuali dubbi di significato). Ogni gruppo deve a questo punto dividere i nomi per genere assegnando ad ognuno l'articolo determinativo corrispondente. Se avete un grande numero di partecipanti fate verificare il compito tra due gruppi diversi altrimenti controllate in plenum.

Soluzione
maschile: *l'aereo, il basilico, il cognome, il contrabbasso, il cugino, il mare, l'olio, il paese, il violino*
femminile: *l'arena, la batteria, la frase, la lingua, la matematica, la montagna, la musica, l'opera, la tabella*

25 | Scrivete un'e-mail e presentatevi.

Obiettivo Esercitare l'abilità di scrittura.
Funzione comunicativa: "scrivere una breve e-mail".

Procedimento Questo è il primo vero testo scritto che i vostri studenti devono comporre. I vostri corsisti hanno deciso di frequentare un corso di lingua italiana presso l'Accademia Leonardo di Salerno e devono scrivere una breve e-mail di presentazione alla famiglia che li ospiterà. Dite loro di utilizzare tutto ciò che han-

no appreso durante la lezione. L'inizio e la fine dell'e-mail sono già riportati sul testo.
Ulteriori informazioni su come si inizia e conclude una lettera, un SMS o un'e-mail verranno date nell'unità 5.

Giro d'Italia

Eccoci giunti al primo appuntamento con il *Giro d'Italia*!
In ogni Giro una persona italiana presenterà la propria regione d'origine tenendo conto del tema dell'unità. In questo primo Giro si parlerà dell'Italia in generale e quindi potrete mettere alla prova le conoscenze dei vostri corsisti. Quanto sanno dell'Italia?

I numeri dell'Italia

Procedimento Chiedete ai vostri studenti di completare le affermazioni.

Soluzione *Sicilia, Sardegna; rosso; Tirreno; Garda, Maggiore; Roma, Milano; 20*

Che cosa sapete ancora dell'Italia?

Procedimento Chiedete ai vostri studenti che cosa sanno dell'Italia. Riportate alla lavagna quanto detto in plenum.

Per comunicare

26 | Scrivete le vostre frasi.

Obiettivo Creare il proprio vocabolario raccogliendo parole e frasi utili.

Procedimento Al termine dell'unità chiedete ai vostri studenti di inserire in una raccolta (su di un quaderno, dei cartellini ecc.) tutte le funzioni comunicative incontrate durante la lezione. Chiedete loro di cambiare i nomi propri, i sostantivi e i nomi di città in modo da personalizzare la propria lista. Questo è un ottimo strumento per memorizzare i vocaboli, le frasi, i verbi ecc. imparati.

Per il dossier

27 | Completate il formulario d'iscrizione.

Obiettivo Esercitare l'abilità di scrittura.
Funzione: "imparare a compilare un formulario".

Procedimento Chiedete ai vostri studenti di compilare il formulario d'iscrizione per un corso di lingua in Italia. Questo documento è il primo di tanti che ognuno di loro raccoglierà per il proprio Portfolio. Per una descrizione della sezione *Per il dossier* si veda l'introduzione di questa guida alle pagg. 5 e 8.

Ricapitoliamo!

Obiettivo Ripetere in modo ludico quanto affrontato nell'unità 1 a livello grammaticale, lessicale e di funzioni comunicative.

Materiale necessario Un cartellino per ogni studente. I cartellini li potete ricavare dalla fotocopia di pag. 79 di questa guida.

Procedimento Ogni studente riceve un cartellino con una nuova identità italiana. I nomi, i cognomi e le città contengono spesso le regole di pronuncia apprese durante la lezione (attenzione alla pronuncia!). Ciascuno andrà in giro per l'aula con in mano il proprio cartellino e la cartina d'Italia presente all'interno della copertina del libro di testo. (Se volete potete mettere anche una musica italiana di sottofondo). Dite agli studenti di fare conoscenza con gli altri "italiani" del gruppo e di indicare sulla cartina la città italiana da cui provengono. Impareranno così a conoscere il nostro Bel Paese!

2 Oggi offro io!

Temi	■ il bar ■ incontri formali e informali
Lessico	■ spuntini e bevande ■ offrire e ordinare ■ titoli e appellativi *(Prof., Avv., Sig.)*
Obiettivi	■ ordinare qualcosa al bar ■ leggere un listino prezzi ■ offrire qualcosa ■ accettare o rifiutare motivando ■ parlare di abitudini alimentari ■ chiedere a qualcuno come sta (e rispondere) ■ presentare qualcuno in modo formale ■ fare lo spelling (l'alfabeto)
Grammatica	■ l'articolo indeterminativo ■ l'articolo determinativo *lo* ■ i verbi regolari in *-ere* e *-ire* ■ i verbi irregolari *bere* e *stare* ■ l'uso dell'articolo determinativo davanti ai titoli e agli appellativi ■ la negazione con *non* e *no* ■ *come mai* e *perché*

1 | Guardate le foto. Dove sono le persone?

Obiettivo Introdurre al tema dell'unità e presentare le prime funzioni comunicative per ordinare qualcosa al bar.

Procedimento Per cominciare osservate le foto in plenum e poi invitate a lavorare in coppia. Chiedete ai vostri studenti: *guardate le foto, dove siamo? È mattina, è pomeriggio, è sera? Che cosa vedete? Sapete cos'è una brioche, un'aranciata, un bicchiere d'acqua?* (Non sanno ancora queste parole.)
Poiché ci troviamo solo alla seconda unità, per una maggiore comprensibilità queste domande possono essere ripetute dall'insegnante nella lingua di partenza e gli studenti ovviamente a questo livello risponderanno in questa lingua.
a Fate leggere le frasi singolarmente, dopodiché chiedete agli studenti di lavorare in coppia e di abbinare i fumetti alle immagini.
b Gli studenti verificano a questo punto l'esattezza degli abbinamenti ascoltando la registrazione dei dialoghi.

Soluzione
A *Per me un caffè e un bicchiere d'acqua.*
B *Un cappuccino e una brioche, per favore!*
C *Io prendo un Campari. / Io vorrei un aperitivo della casa.*
D *Quando ordiniamo da bere?*
E *Ecco l'aranciata!*

2 | Che cosa dice la signora per ordinare una colazione? Che cosa dicono le altre persone per ordinare qualcosa?

Obiettivo Completare e fare supposizioni su come ordinare qualcosa al bar.

Procedimento Lasciate agli studenti due minuti di tempo per trascrivere le espressioni utili per ordinare che trovano nei fumetti a pag. 22. Al termine verificate in plenum.

Soluzione *Un cappuccino e una brioche, per favore!; Io vorrei …, Io prendo …, Per me …*

3 | E ora a voi! Raccogliete le parole e poi ordinate.

Obiettivo Attivare le preconoscenze riguardo al lessico delle bevande e degli spuntini.

Procedimento In base al numero complessivo degli studenti formate dei gruppi e chiedete ai corsisti: *che cosa ordinate al bar?* Date cinque minuti di tempo durante i quali ogni gruppo deve scrivere su un foglio il maggior numero di vocaboli di bevande e spuntini conosciuti. Allo scadere del tempo potete riportare le parole alla lavagna.
Terminata l'attività di brainstorming ogni studente farà la propria ordinazione all'interno del gruppo di appartenenza.

Un incontro al bar

4 | Che cosa prendono Dario e Paolo? Ascoltate.

Obiettivo Esercitare la comprensione orale dettagliata.

Procedimento Invitate gli studenti ad ascoltare il dialogo (a libro chiuso) e a concentrarsi solo su quanto ordinato da Dario e da Paolo. Dite loro che se lo desiderano, possono prendere appunti. Al termine dell'ascolto chiedete ai corsisti di confrontare a coppie quanto capito. Controllate in plenum.

Soluzione *Dario prende un'aranciata e Paolo un caffè.*

5 | Riascoltate, leggete e sottolineate.

Obiettivo Comprensione orale e scritta dettagliata e riconoscere il lessico relativo alle bevande.

Procedimento Invitate a questo punto gli studenti ad ascoltare e a leggere la trascrizione del dialogo. Al termine di questo secondo ascolto chiedete di sottolineare nel testo tutti i nomi di bevande.
Alla fine chiedete loro di scoprire come viene chiamata una bevanda senza alcol.

Soluzione *un analcolico*

> L'aperitivo viene di regola consumato prima dei pasti e può essere sia alcolico sia analcolico. In alcune città d'Italia (p. es. Torino e Milano) è molto di moda il termine *Happy Hour*, utilizzato normalmente per indicare la fascia oraria (tardo pomeriggio) in cui sono praticati sconti sulle bevande alcoliche.

6 | Completate e fate il dialogo.

Obiettivo Fissare le funzioni comunicative per ordinare al bar ed esercitarle oralmente.

Procedimento
a Invitate gli studenti a completare con le frasi del dialogo appena ascoltato, i tre scambi di battute per offrire e accettare qualcosa e per rifiutare motivando. Fate notare l'uso in italiano di *no / non* (si veda la pagina grammaticale 31, punto 4). Controllate in plenum.
b A questo punto chiedete agli studenti di lavorare in coppia e di assumere rispettivamente il ruolo di Dario e di Paolo. Dite loro che possono cambiare l'ordine delle battute e naturalmente anche il nome degli spuntini e delle bevande ordinate.

Bevande, spuntini, pasticceria

7 | Quali di queste bevande e di questi spuntini conoscete? Quali sono raffigurati? Abbinate.

Obiettivo Riconoscere bevande e cose da mangiare e imparare lessico nuovo.

Procedimento Chiedete agli studenti di lavorare in coppia e di abbinare i nomi delle bevande e degli spuntini alle immagini. Quali sono rappresentati e quali no? Sottolineate che non tutte le parole sono raffigurate.

Soluzione *5. spremuta, 8. cornetto, 7. focaccia, 3. tramezzino, 12. pasta, 6. spumante*

→ **Attività supplementare**

Obiettivo Fissare il lessico.

Materiale necessario Cartoncini con foto di bevande e spuntini (si consiglia di prendere soltanto foto delle bevande e degli spuntini presentati in quest'unità), una palla.

Procedimento Consegnate ad ogni partecipante un cartoncino con la foto di una bevanda o di uno spuntino. Lanciate la palla. Chi la riceve deve fare la propria ordinazione in base al cartellino (p. es. *io prendo / vorrei un cappuccino*). Il cartellino è scoperto al momento dell'ordinazione e rimane visibile per tutta la durata dell'attività. A questo punto lo studente rilancia la palla a un secondo studente che ripete l'ordinazione precedente e la completa mostrando il proprio cartellino (es. *io prendo / vorrei un cappuccino e un cornetto*). Gli studenti devono quindi ricordare la sequenza di ordinazioni, memorizzando al contempo il lessico tramite l'associazione parola-immagine. A seconda del gruppo l'attività si può rendere più difficile eliminando i cartellini.

8 | Rileggete il dialogo e completate.

Obiettivo Analisi linguistica: l'articolo indeterminativo.

Procedimento Invitate gli studenti a rileggere il dialogo dell'att. 5 a pag. 23 e poi a completare lo specchietto con gli articoli indeterminativi e la regola nella cornice a destra. Riflettete insieme a loro facendo notare che la forma apostrofata *un'* si usa solo per i sostantivi femminili che iniziano per vocale mentre *uno* si utilizza davanti alle parole maschili che iniziano per *s + consonante* e *z* (p. es. *uno Zero*).

Soluzione *un prosecco, un analcolico, una birra, un'aranciata*
cornice a destra: *un, uno, una, un'*

9 | Cercate le parole e aggiungete l'articolo.

Obiettivo Fissare l'uso dell'articolo indeterminativo.

Procedimento In base al numero degli studenti formate dei gruppi e chiedete loro di scrivere su un foglio il maggior numero di sostantivi conosciuti in italiano, senza l'articolo. Lasciate loro cinque minuti di tempo. Allo scadere del tempo, invitate i gruppi a scambiarsi i fogli con le parole appena scritte. Adesso ogni gruppo deve indicare per ogni parola della lista ricevuta, l'articolo indeterminativo corrispondente. Terminato questo secondo passaggio, la lista completa di articoli verrà restituita al gruppo che l'ha scritta che poi dovrà a sua volta controllarla. Dopo questa fase verificate in plenum.

10 | Che cosa prendete spesso, che cosa raramente? Completate.

Obiettivo Presentare l'uso di *spesso* e *raramente*.

Procedimento Scrivete alla lavagna i due avverbi *spesso* e *raramente* abbinandoli rispettivamente ad un "+" e ad un "–" per rendere chiaro il loro significato. Chiedete poi a ogni studente di scrivere sotto ogni categoria quali bevande e spuntini consuma con più o meno frequenza tra un pasto e l'altro. Fornite magari anche le traduzioni di *Krapfen* (bombolone) e di *Brezel* (ciambella salata). Lasciate tre minuti di tempo per questo primo compito. Scaduto il tempo, chiedete di riportare quanto scritto nei gruppi formati in precedenza prendendo spunto dagli esempi.

Offro io!

11 | Invitate i compagni.

Obiettivo Funzione comunicativa: "invitare qualcuno al bar".

Procedimento Formate dei piccoli gruppi. Chiedete agli studenti di invitarsi reciprocamente sulla base degli esempi offerti. Dite loro di scegliere il nome della bevanda o dello spuntino da ordinare prendendo spunto dal listino prezzi.

12 | Completate la tabella.

Obiettivo Analisi linguistica: la coniugazione dei verbi in *-ere* e in *-ire* al presente indicativo.

Procedimento Invitate gli studenti a completare la tabella. Lasciateli lavorare individualmente suggerendo di ricavare le informazioni dai dialoghi letti e ascoltati in precedenza.

Dopo aver ultimato questo primo compito, presentate il verbo *prendere* spiegando che si tratta di un verbo regolare della seconda coniugazione terminante in *-ere*. Potete chiedere agli studenti di dettarvi un verbo della prima coniugazione incontrato nella prima lezione, per esempio *lavorare* (pag. 14), e scriverlo alla lavagna. Scrivete vicino il verbo *prendere* e il verbo *offrire* e mettete a confronto le desinenze evidenziando le diversità fra le varie persone.

Soluzione *prendo, prendi, prende; offro*

13 | Giocate con i verbi.

Obiettivo Fissare le forme dei verbi delle tre coniugazioni del presente indicativo.

Procedimento Formate dei gruppi e distribuite ad ognuno un dado.
I corsisti tirano a turno il dado, scelgono il verbo tra i sei elencati e lo studente che deve coniugarlo. A seconda del numero ottenuto, lo studente prescelto dice la forma del verbo alla persona corrispondente. Uno degli studenti ha il compito di trascrivere le forme su un foglio. Se avete tempo a disposizione controllate i risultati in plenum.

14 | Leggete. Che cosa notate?

Obiettivo Analisi linguistica: l'uso della negazione.

Procedimento Lasciate un minuto di tempo per leggere le frasi riportate nei fumetti e quindi chiedete agli studenti che cosa notano nell'uso di *no* e *non*. Fate notare che in italiano si può esprimere la negazione sia con *no*, sia con *non*. *No* (in tedesco *nein, nicht*), si utilizza nelle risposte negative e alla fine di una frase (p. es. *No, grazie, a quest'ora no.*) mentre *non* (in tedesco *nicht*) serve per introdurre una frase negativa e si trova normalmente davanti al verbo (p. es. *Non bevo alcolici.*).

15 | È vero o non è vero? Scrivete.

Obiettivo Esercitare le frasi negative interagendo.

Procedimento Date agli studenti tre minuti di tempo per scrivere tre affermazioni su sé stessi di cui almeno una non deve corrispondere a realtà. Scaduto il tempo, ogni studente a turno deve leggere ad alta voce le frasi mentre gli altri (sempre a turno) devono dire, secondo la loro opinione e seguendo l'esempio dato, se le affermazioni sono vere o false.

Un caffè famoso

16 | Che cosa rende famoso un caffè? Fate una classifica e confrontate in gruppi.

Obiettivo Discutere in gruppo su un tema.

Procedimento Invitate gli studenti a fare una classifica dei quattro criteri che maggiormente concorrono a rendere famoso un caffè. Ovviamente gli studenti ne possono aggiungere altri. Chiedete quindi di formare dei gruppi e di discutere al loro interno quanto scelto singolarmente.

17 | Leggete il testo sul Gran Caffè Gambrinus e sottolineate tutto quello che capite.

Obiettivo Abituare gli studenti alla lettura veloce.

Procedimento Invitate gli studenti a leggere individualmente il breve testo chiedendo loro di sottolineare tutto quello che hanno capito. Date loro due minuti di tempo. Fate chiudere il libro e formate delle coppie dicendo loro di confrontare (a questo livello nella lingua di partenza) quello che hanno compreso. Gli studenti in questa fase non devono riaprire il libro e chiedersi reciprocamente il significato dei vocaboli sconosciuti. Quando gli scambi sono terminati, fate riaprire il libro e date un minuto per rileggere il testo. Allo scadere del tempo formate delle nuove coppie che devono confrontare a loro volta quanto è stato capito (a libro chiuso).

18 | Mettete una crocetta.

Obiettivo Esercitare la comprensione scritta selettiva.

Procedimento Fate riaprire il libro, leggete ad alta voce le domande risolvendo eventuali dubbi e date due minuti di tempo per rispondere. Fate controllare prima a coppie e poi in plenum.
Spiegate che le *sfogliatelle*, il *babà* e la *pastiera* sono dolci tipici napoletani e dite che troveranno informazioni più approfondite nella sezione *Giro d'Italia* alla fine dell'unità (pag. 29).

Soluzione
Il Gambrinus è un caffè storico.
Gambrinus è il nome di un re.
Il caffè Gambrinus offre molti tipi di caffè e dolci.

→ Attività supplementare

Obiettivo Parlare di caffè famosi.

Procedimento Create dei gruppi. Invitate ogni gruppo a fare degli esempi citando dei caffè famosi della loro città o di altre città dove sono stati, motivando le loro scelte. Riportate in plenum i risultati e se avete tempo stilate alla lavagna in una tabella una classifica dei caffè scelti dagli studenti (colonna di sinistra) e le motivazioni (colonna di destra).

Ascoltare e capire

19 | Al Caffè Gambrinus. Ascoltate e mettete una crocetta.

Obiettivo Esercitare la comprensione orale dettagliata.

Procedimento Fate ascoltare il dialogo una prima volta a libro chiuso. Chiedete agli studenti di scambiarsi a coppie le informazioni capite. A questo punto leggete le affermazioni e chiedete agli studenti di ascoltare una seconda volta cercando di capire quali sono le affermazioni esatte indicandole con una crocetta. Chiedete di controllare prima in coppia e poi in plenum e verificate con un terzo e ultimo ascolto.

Trascrizione ▶ 1/12
- ● Ma è bellissimo qui ... e come mai è così famoso questo caffè?
- ○ Il Caffè Gambrinus appartiene alla storia della città. Già dal 1920 circa, era visitato da poeti, personaggi politici e ancora oggi tutti i Presidenti della Repubblica che vengono qui a Napoli vengono a prendere il caffè al Gambrinus.
- ● Davvero? Senti ma ... invece oggi i napoletani come lo considerano?
- ○ Per noi napoletani questo caffè è un simbolo della nostra città e anche i turisti lo amano molto e spesso si fermano qui a bere il caffè, anche perché è proprio nel centro di Napoli vicino a Piazza del Plebiscito.
- ● Ma da turista che cosa mi consigli di prendere?
- ○ Naturalmente puoi assaggiare tutte le specialità della pasticceria napoletana come babà, sfogliatelle, pastiere e poi tutti i caffè che sono stai inventati qui a Napoli negli ultimi anni, per esempio il caffè alla nocciola, il caffè shakerato ...
- ● Hmm ... va bene, vogliamo ordinare? Io prenderei un caffè alla nocciola.

Soluzione

2. *Il Gran Caffè Gambrinus è un simbolo della città.*
3. *Il locale è nel centro di Napoli.*
5. *Una delle ragazze non è di Napoli.*

> In molti bar di Napoli i clienti al momento di pagare dichiarano: "Un caffè sospeso!" Vuol dire che uno lascia un caffè pagato a una persona bisognosa o che vive per strada.

Come va?

20 | Ascoltate e rispondete. Chi si dà del tu, chi del Lei?

Obiettivo Introdurre le prime strutture per salutare in modo informale / formale, per chiedere a qualcuno come sta e per presentare qualcuno in modo formale.

Procedimento Fate ascoltare i dialoghi. Al termine dell'ascolto chiedete ai vostri studenti di leggerli concentrandosi sui seguenti aspetti che direte ad alta voce: *chi sta meglio? Chi si dà del tu e chi del Lei? Da quali espressioni lo capite?*
Verificate in plenum e fate notare l'uso di „*Come mai?*" per informarsi riguardo alla persona che ci sta parlando.
Potete adesso scrivere ai due poli della lavagna un "+" e un "–" e chiedere agli studenti di indicarvi le espressioni per indicare lo stato di salute dal migliore al peggiore: *benissimo, non c'è male, non tanto bene.*

21 | Come si dice?

Obiettivo Analisi linguistica: l'uso dell'articolo determinativo.

Procedimento
a Chiedete agli studenti di completare le presentazioni in base al terzo e ultimo dialogo appena ascoltato. Fate notare l'uso dell'articolo determinativo con *signor / signora* e i titoli professionali: si utilizza quando si parla di una terza persona. Quando invece ci si rivolge direttamente alla persona non si usa. Ricordate inoltre che quando ci viene presentata una persona in modo formale si risponde *molto lieto/-a* oppure *piacere.*
b Chiedete agli studenti come tradurrebbero le seguenti frasi nella loro lingua di partenza (in plenum). *Professoressa / Signora / Avvocato / Signor Leonardi, Le presento l'avvocato Ferriani. / il signor Antimi. / la professoressa Morelli. / la signora De Luca.*
A questo punto dovete anche far presente che in tedesco i titoli accademici vengono usati di meno rispetto all'Italia e che in Italia non si mette *signora / signor* davanti ad un titolo come invece si fa in tedesco (p. es. *Herr Doktor*).

Soluzione *Le presento*

→ **Attività supplementare**

Obiettivo Esercitare l'uso dell'articolo nelle presentazioni.

Materiale necessario Cartoncini con titoli e nomi. L'insegnante può preparare dei cartellini su cui potrà scrivere un titolo e un cognome p. es. *Dott. Rossi.*

Procedimento Consegnate ad ogni partecipante un cartoncino con un titolo e un cognome. Chiedete ai corsisti di andare in giro per l'aula a fare conoscenza con gli altri studenti; quando due si sono già presentati possono rivolgersi ad un'altra persona e recitare la presentazione formale dell'att. 21.

> L'Italia è un paese di dottori e di professori. Fino a qualche anno fa il titolo di *Dottore / Dottoressa* veniva infatti conseguito dopo tutte le lauree quadriennali e quinquennali. Il titolo *Professore / Professoressa* non sta ad indicare solo il docente universitario ma anche quello della scuola media inferiore e superiore.

22 | Ciao, come va? Fate le domande e rispondete.

Obiettivo Raccogliere le funzioni comunicative per salutare in modo formale / informale e chiedere a qualcuno come sta.

Procedimento Chiedete agli studenti di completare i due riquadri con le strutture (già presentate nei dialoghi) per chiedere come sta qualcuno e di rispondere a questa domanda (dalla migliore alla peggiore). Nello specchietto a destra, di tipo grammaticale, chiedete di completare la coniugazione del verbo *stare* con le forme già conosciute. Chiedete ai partecipanti a quali verbi somiglia la coniugazione del verbo *stare.* In questo modo potrebbero trovare delle somiglianze nei verbi in *-are* e per la pronuncia di alcune forme nella coniugazione del verbo *avere.*

Soluzione
primo riquadro: *Ciao, come stai?, Ciao, come va?, Buongiorno, come sta?*
secondo riquadro: *benissimo, bene, non c'è male, non tanto bene*
specchietto a destra: *stai, sta*

23 | Siete tutti attori: guardate le illustrazioni e mettete in scena.

Obiettivo Esercitare oralmente le formule di saluto formale e informale.

Procedimento Dividete i corsisti in gruppi di massimo 4 persone. Ad ogni gruppo assegnate un'illustrazione. Gli studenti devono mettere in scena quanto sta accadendo nell'immagine e poi rappresentarla di fronte agli altri. Si tratta di far notare la differenza tra il saluto formale e informale anche a livello interculturale. Al termine dell'attività potreste chiedere ai corsisti perché hanno scelto l'uno o l'altro saluto.

Soluzione *informale, formale, informale*

Pronuncia

24 | Cose da bere e cose da mangiare. Ascoltate e ripetete.

Obiettivo Esercitare i suoni dell'alfabeto italiano.

Procedimento Chiedete ai vostri studenti di ascoltare e ripetere coralmente l'alfabeto e i vocaboli mentre li ascoltano. Informate i corsisti che i *quaresimali* sono dei biscotti siciliani simili ai *cantuccini* e fate leggere le informazioni nei due specchietti a sinistra.

25 | Conoscete altre cose da bere e da mangiare?

Obiettivo Riconoscere i prestiti linguistici della sfera semantica del cibo.

Procedimento Fate notare che le lettere *j*, *k*, *w*, *x*, e *y* esistono in italiano solo in parole che derivano da altre lingue. Chiedete loro di citare alcuni cibi e bevande, magari dalla propria lingua di partenza (p. es. *yogurt* dal turco e *krapfen* e *würstel* dal tedesco).

26 | Dove cade l'accento? Riascoltate le parole.

Obiettivo Individuare le sillabe accentate di un vocabolo.

Procedimento Fate ascoltare la registrazione e chiedete di sottolineare in ogni vocabolo dell'att. 24 la sillaba accentata. Al termine di questa prima fase invitateli a completare la regola nella cornice.

Soluzione Riportiamo qui alcuni esempi possibili: *cioccolato / espresso / gelato, datteri / fragole / zucchero, drittletzten, babà*

27 | Come si scrive? Pensate a tre parole e fate lo spelling.

Obiettivo Esercitare lo spelling in italiano.

Procedimento Date agli studenti un minuto di tempo per scrivere tre parole conosciute da tutti. Chiedete loro di aggiungere in ogni vocabolo una lettera sbagliata. A questo punto formate delle coppie e chiedete ai vostri corsisti di fare al compagno lo spelling delle tre parole scelte (includendo la lettera errata). Il compagno deve cercare di individuare la lettera sbagliata in ogni parola.

Giro d'Italia

In Campania con Silvana

La regione protagonista di questo secondo Giro è la Campania. Questo giro si basa sulla scoperta delle sue specialità culinarie (ma non solo!) e sul confronto con la regione di appartenenza dei corsisti.
In questo testo sono presentate alcune specialità della produzione dolciaria campana. I vocaboli nuovi come *canditi* e *torrone* sono sempre abbinati alle loro immagini. In questo modo i vostri studenti non avranno difficoltà a capire di che cosa si tratta.

1 Siete in Campania. Quale dolce provate?

Procedimento Chiedete ai vostri corsisti di dire quale dolce vorrebbero provare e perché.

2 Quali sono i dolci tipici della vostra regione a Natale e a Pasqua?

Procedimento Chiedete ai vostri studenti di raccontare in plenum quali sono i dolci tradizionali del loro paese di origine. Magari scoprirete delle differenze anche tra città e regioni diverse!
Fate notare che anche in Italia a seconda della regione di provenienza ci possono essere delle usanze differenti.

3 Anche nel vostro paese i numeri hanno un significato? Voi avete un numero portafortuna?

Procedimento Chiedete ai vostri corsisti se anche nel loro paese esistono dei numeri cui sono associati dei significati o dei simboli o se loro stessi hanno dei numeri portafortuna.

4 Create la vostra Smorfia! Abbinate 10 numeri a 10 nomi di dolci e ingredienti che trovate nel testo di Silvana.

Procedimento Dite ai vostri studenti di mettere in pratica quanto appreso in questo primo giro e di creare la loro "dolce" smorfia abbinando 10 nomi di dolci campani e loro ingredienti a 10 numeri a loro scelta. Quest'attività può essere svolta anche in plenum dicendo agli studenti di scegliere 12 numeri tra il 20 e il 40. In questo caso potreste continuare con l'attività supplementare riportata qui sotto. Annotate i numeri e i corrispondenti ingredienti (o dolci) alla lavagna.

→ **Attività supplementare**

Obiettivo Ripetere in modo ludico i numeri e le parole dei dolci napoletani.

Procedimento Invitate ogni corsista a creare una cartella della tombola con 9 caselle all'interno delle quali inserirà a piacere 9 dei 12 numeri scelti in precedenza e con cui giocherà.
A questo punto può iniziare il gioco! Chiamate senza ordine prestabilito ad alta voce uno dei dolci o degli ingredienti (e segnateveli!). Lo studente la cui cartella riporta il numero corrispondente all'ingrediente / dolce chiamato, sbarra la casella a matita. Chi riuscirà per primo a sbarrare due numeri sulla stessa riga dovrà dire ad alta voce "ambo!", chi tre numeri "terno!" e chi riuscirà per primo a sbarrare l'intera cartella "tombola!".

Per comunicare

28 | Raccogliete e scrivete.

Obiettivo Raccogliere le parole per la propria raccolta di parole e frasi.

Procedimento Dite ai vostri studenti di scegliere tra le parole e le frasi incontrate in questa unità, i vocaboli che gli sono particolarmente piaciuti, le frasi preferite e le parole che hanno dato loro più difficoltà.

Per il dossier

29 | Raccogliete parole, frasi ed espressioni.

Obiettivo Raccogliere espressioni utili per la conversazione.

Procedimento Chiedete ai vostri corsisti di raccogliere sotto ogni tema il maggior numero di vocaboli e/o espressioni. Alla fine otterranno una "mappa" che potranno inserire nel loro Portfolio.

30 | E ora fate conversazione.

Obiettivo Esercitare la comunicazione orale.

Procedimento Dividete gli studenti in gruppi di tre persone. Ogni gruppo dovrà inventare una situazione e mettere in scena il dialogo che avranno precedentemente scritto (p. es. *fare conoscenza* o *ordinare al bar*).

Ricapitoliamo!

Obiettivo Ripetere in modo ludico quanto affrontato nella seconda unità a livello grammaticale, lessicale e di funzioni comunicative.

Materiale necessario Un set di carte per gruppo. Le carte le potete ricavare dalla fotocopia di pag. 80 di questa guida.

Procedimento Ogni studente deve a turno tirare dal mazzo (rivolto verso il basso) una carta e svolgere il compito richiesto.

3 Non solo lavoro

Temi	■ il mondo del lavoro ■ il ristorante
Lessico	■ professioni e luoghi di lavoro ■ cibi e bevande ■ la tavola
Obiettivi	■ dire e chiedere la professione ■ chiedere un tavolo al ristorante e ordinare ■ chiedere e dire cosa piace / cosa non piace
Grammatica	■ il verbo irregolare *fare* ■ i sostantivi regolari (sing. / plur.) ■ i sostantivi in *-iere, -tore, -ante* e *-ista* ■ l'articolo determinativo (sing. / plur.) ■ il verbo *piacere* ■ i verbi come *offrire* e *preferire* ■ le preposizioni *a* e *in*
Pronuncia	■ le combinazioni *sca/sco, sce/sci, gn, gl*

1 | Abbinate le professioni alle persone.

Obiettivo Introdurre al tema lavoro e attivare le preconoscenze degli studenti.

Procedimento A coppie. Fate osservare le immagini e trovare a cosa corrispondono le nove professioni rappresentate nella foto. Controllate in plenum e spiegate i vocaboli sconosciuti. Scrivete quindi alla lavagna la parola *lavoro* e chiedete ai vostri studenti di dirvi (anche nella lingua di partenza) tutte le parole che gli vengono in mente riferite al mondo del lavoro. Create con queste parole una rete semantica alla lavagna.

Soluzione *1. ballerina, 2. cuoco, 3. ingegnere / architetto, 4. cameriera, 5. imbianchino, 6. medico, 7. fotografo, 8. insegnante / imprenditrice / segretaria, 9. pittore*

2 | Lavorate in un'azienda? Fate le domande e rispondete.

Obiettivo Ampliare il lessico (i luoghi di lavoro) ed esercitare la competenza comunicativa orale. Funzione comunicativa: "chiedere a qualcuno la professione".

Procedimento Formate dei gruppi. Ogni studente deve scegliere una delle professioni raffigurate nell'att. 1 e trovare nella lista il luogo di lavoro più adatto a questa professione (spiegate i luoghi di lavoro a loro sconosciuti e fate notare l'uso delle preposizioni *a* e *in* legate al posto di lavoro). A questo punto, seguendo l'esempio dato, si dovranno porre delle domande a vicenda cercando di indovinare le professioni inventate da ognuno. Dite loro che possono rispondere solo con un *sì* o con un *no*.

3 | Osservate e completate.

Obiettivo Analisi linguistica: il genere delle professioni.

Procedimento Fate completare i 4 specchietti con le professioni precedentemente incontrate (att. 1). Fate inoltre notare che alcune professioni maschili sono normalmente utilizzate anche al femminile (p. es. *medico, ingegnere, architetto*).

Soluzione
primo specchietto: *ballerino / ballerina, cuoco / cuoca, segretario /segretaria, fotografo / fotografa, imbianchino / imbianchina, grafico / grafica*
secondo specchietto: *infermiere / infermiera, cameriere / cameriera*
terzo specchietto: *pittore / pittrice, imprenditore / imprenditrice, attore / attrice, scultore / scultrice*
quarto specchietto: *l'insegnante / l'insegnante*

4 | Fate la pantomima.

Obiettivo Rappresentare in modo ludico i nomi delle professioni.

Procedimento Dividete i vostri studenti in due squadre. Ogni squadra dovrà scegliere ogni volta la professione da mimare e la persona della squadra che deve farlo. Vince la squadra che indovina in un tempo prestabilito il maggior numero di professioni.

Ascoltare e capire

5 | Ascoltate e mettete una crocetta.

Obiettivo Esercitare la comprensione auditiva dettagliata.

Procedimento Prima dell'ascolto dite agli studenti che sentiranno parlare Elisa e Agostino del proprio lavoro. Suggerite loro di osservare le foto di Elisa e di Agostino e di fare delle ipotesi sulla loro professione.

Proponete quindi l'ascolto, la prima volta a libro chiuso, chiedendo loro di confrontarsi subito dopo con il compagno di banco sulle informazioni capite. Ripetete l'ascolto e invitate gli studenti a segnare con una crocetta se le affermazioni sono vere o false. Segue un confronto in coppia e poi in plenum.

Soluzione
Elisa: *1. vero, 2. vero, 3. falso*
Agostino: *1. falso, 2. vero, 3. falso*

Trascrizione ▶ 1/16
Ciao, io mi chiamo Elisa, e sono di Roma. Sono una maestra, e ora lavoro a Parigi in Francia. Insegno l'italiano ai bambini figli degli immigrati italiani all'estero. Il mio lavoro è molto bello, e mi piace molto. Qualche volta, però, è un po' faticoso. Devo viaggiare molto. Ogni giorno prendo la macchina e faccio chilometri per arrivare nelle diverse scuole dove i miei alunni mi aspettano.
Mi chiamo Agostino. Sono di Napoli. Attualmente vivo e lavoro a Torino in un'azienda del settore automobilistico. L'azienda dove lavoro è una piccola impresa che offre servizi nel campo automobilistico. Anche se l'azienda è piccola, è molto dinamica, c'è un buon clima, molta collaborazione tra i colleghi e una buona dose di multiculturalità.

Anch'io lavoro in banca.

6 | E voi che lavoro fate?

Obiettivo Esercitare la competenza comunicativa orale. Funzione comunicativa: "chiedere la professione e rispondere".

Procedimento A gruppi. Invitateli a porsi delle domande sui rispettivi lavori come nel riquadro a sinistra e a rispondere come nel riquadro a fianco. Chiarite eventuali vocaboli ancora sconosciuti. Fate notare che per alcune professioni in tedesco non esiste il corrispettivo in italiano. In questo caso si nomina il luogo di lavoro. Inoltre in italiano per esprimere la propria professione si può utilizzare sia il verbo *sono*, sia il verbo *fare + articolo determinativo* (p. es. *Io sono insegnante. / Io faccio l'insegnante.*).
Ogni gruppo dovrà riportare in plenum le informazioni raccolte rispondendo alla domanda: *ci sono delle professioni simili oppure no?* Al termine di quest'attività invitate a completare lo specchietto a destra con la coniugazione al presente del verbo *fare*.

Soluzione *faccio, fai, fa*

Un progetto di lavoro

7 | Guardate il manifesto. Che cosa offre questo progetto? Fate delle ipotesi.

Obiettivo Preparare alla lettura dell'articolo dell'att. 8 esercitando la comprensione scritta globale.

Procedimento Invitate i vostri studenti ad osservare e leggere il manifesto. Secondo loro che tipo di progetto è presentato e che cosa si vuole ottenere? Lasciate due minuti di tempo per riflettere (eventualmente a coppie) e poi raccogliete in plenum le ipotesi. Al termine di questa prima attività sul tema della "Trattoria degli Amici" chiarite eventuali dubbi riguardanti il lessico. In particolare spiegate la parola chiave *disabile*, fondamentale anche per la comprensione dell'articolo di giornale presentato nell'att. 8.

8 | Ora leggete l'articolo e rispondete.

Obiettivo Esercitare la comprensione scritta globale (a) e dettagliata (b).

Procedimento
a Prima di cominciare con la lettura dell'articolo suggerite ai vostri corsisti di osservare l'immagine, di leggere il titolo e il sottotitolo e di fare poi delle supposizioni sul contenuto dell'articolo. Che cos'è *diverso* nella "Trattoria degli Amici"? Fate riflettere sul significato della parola *diverso* una volta riferito ai sapori e una volta riferito alla trattoria in questione.
b Gli studenti leggono quindi il testo individualmente. La lettura dell'articolo non dovrebbe presentare particolari difficoltà. Formate dei gruppi di massimo 4 persone e chiedete loro di provare a rispondere alle domande: *chi lavora in questo locale? Chi lo dirige e chi aiuta i gestori?*
Dite loro di cercare di risolvere, senza l'aiuto del vocabolario, gli eventuali problemi di comprensione. Ogni gruppo potrà al termine chiedere all'insegnante la spiegazione di un massimo di due parole il cui significato, secondo loro, è fondamentale per la comprensione del testo.

Soluzione
a *La "Trattoria degli Amici" è diversa perché ci lavorano tredici persone disabili.*
b *Nella trattoria quattro disabili lavorano come cuochi in cucina. Altri nove disabili lavorano con tre camerieri nelle due sale del locale. Il locale è gestito dalla cooperativa sociale della Comunità di Sant'Egidio e un gruppo di amici volontari aiuta nella gestione del ristorante.*

9 | Rileggete l'articolo. Quali compiti hanno le persone che lavorano nella *Trattoria*?

Obiettivo Esercitare la comprensione scritta dettagliata e la competenza comunicativa orale.

Procedimento Invitate i vostri studenti a sottolineare nel testo le diverse professioni praticabili nella "Trattoria degli Amici" e ad indicare in plenum, nel modo suggerito, quale può essere interessante per ciascuno di loro.

Soluzione *lavorano in cucina, preparano i piatti, lavorano nelle due sale del locale (servono e danno spiegazioni sui piatti, presentano la carta dei vini e consigliano i clienti), aiutano nella gestione del ristorante*

10 | Andiamo a mangiare?

Obiettivo Esercitare la competenza comunicativa orale. Funzione comunicativa: "motivare una scelta".

Procedimento Volete andare al ristorante insieme ai vostri studenti e chiedete loro di pensare ad un locale della loro città che amano particolarmente. Ognuno di loro deve motivare la propria scelta seguendo gli esempi riportati.

Mi piace, non mi piace ...

11 | Che cosa c'è oggi da mangiare? Completate il menu.

Obiettivo Richiamare le preconoscenze degli studenti relativa al menu e introdurre lessico nuovo.

Procedimento Dite agli studenti di cercare di inserire da soli le diverse portate nel menu. L'attività può essere svolta anche a coppie. Controllate in plenum i risultati e sciogliete eventuali dubbi.
Qui va spiegato che *l'insalata mista* in Italia è un contorno e non un antipasto, come pure il *minestrone* è un primo e non un antipasto. Chiedete quali altre differenze notano nel menu (p. es. che i contorni in Italia sono extra e non fanno parte dei piatti).

Soluzione
Antipasti: *prosciutto e melone, caprese*
Primi piatti: *risotto alla marinara, spaghetti alle vongole*
Secondi piatti: *grigliata mista di pesce, spiedini alla griglia*
Contorni: *insalata mista, patate al forno*
Dessert: *macedonia di frutta, torta di noci*

12 | Che cosa non piace a Serena?

Obiettivo Analisi linguistica: il verbo *piacere* (3. pers. sing. e plur.).

Procedimento Fate leggere singolarmente il fumetto e chiedete di riflettere sull'uso del verbo *piacere*. Chiedete ai vostri studenti: *che cosa notate? A che cosa fa riferimento il verbo piacere? Quante forme ha?* Sottolineate che il verbo *piacere* fa riferimento e concorda sempre con la cosa che piace e che si usa alla terza persona singolare o plurale (p. es. *Mi piace la pizza. / Mi piacciono gli spaghetti.*).

Soluzione *Non le piace l'insalata di mare.*

13 | E ora a voi! Che gusti avete? Riferite al vostro compagno.

Obiettivo Esercitare le forme *mi piace / mi piacciono*. Funzione comunicativa: "parlare dei propri gusti".

Procedimento Invitate gli studenti a leggere i nomi dei piatti riportati sotto a destra e spiegate quelli non conosciuti (i fegatini: piatto a base di fegato di pollo; le scaloppine: fettine di carne di vitello cotta a volte con l'aggiunta di vino, p. es. *scaloppine al marsala*; il minestrone: riso o pasta cotta in acqua insieme a legumi e verdure tagliati a pezzi).
Fate notare quindi la costruzione della forma negativa con il verbo *piacere* e spiegate l'espressione *non mi piace / piacciono tanto*. Formate adesso delle coppie in cui ognuno riferirà al compagno i propri gusti.
In questo caso devono parlare solo di sé mentre nell'att. 15 potranno porsi a vicenda le domande.

14 | Rileggete e completate.

Obiettivo Analisi linguistica: il plurale dei sostantivi.

Procedimento
a Fate completare i due specchietti con le terminazioni del plurale dei sostantivi al maschile e al femminile. Le parole le possono trovare a pag. 35.
b Chiedete agli studenti di ricavare la regola completando la cornice a destra.

Soluzione *i crostini, gli spiedini, gli affettati; le olive, le noci;* cornice a destra: *-i, -e*

15 | Rileggete il menu.

Obiettivo Esercitare gli articoli determinativi e ampliare il lessico riguardante i cibi. Funzione comunicativa: "chiedere che cosa piace / non piace".

Procedimento

a Riprendete il menu dell'att. 11 e invitate i vostri corsisti ad aggiungere ad ogni piatto il rispettivo articolo determinativo. Riportate alla lavagna le categorie presenti sul menu (antipasti, primi piatti, secondi piatti, contorni, dessert) e invitate i partecipanti a dettarvi con il rispettivo articolo determinativo tutti i piatti italiani da loro conosciuti.

b A coppie. Chiedete di scoprire quali sono i gusti del compagno di banco seguendo l'esempio. Ricordate che possono utilizzare anche la forma plurale del verbo *piacere* (*piacciono*). Fate anche notare l'uso dei pronomi: *mi / ti / Le piace*.

Possiamo ordinare?

16 | Un pranzo di lavoro: ascoltate e mettete una crocetta.

Obiettivo Esercitare la comprensione auditiva selettiva.

Procedimento Dite ai vostri studenti che ascolteranno la prima parte di una conversazione tra la dottoressa Maggi e il cameriere di un ristorante.
Fate ascoltare una prima volta a libro chiuso chiedendo agli studenti di cercare di capire che cosa dice la dottoressa Maggi al cameriere e che cosa le risponde. Dopo questo primo ascolto fate aprire il libro e date ai corsisti un minuto di tempo per leggere le quattro affermazioni, dopodiché fate ascoltare nuovamente il dialogo invitando gli studenti a mettere una crocetta sulle affermazioni esatte. Verificate in plenum e fate notare che in Italia si aspetta che il cameriere indichi il tavolo libero e non ci si siede ad uno già occupato da altre persone (anche se ci sono dei posti liberi!)

Soluzione *Un tavolo per due, per favore. (dottoressa Maggi), Prego, accomodatevi. (cameriere)*

17 | Che cosa ordinano la dottoressa Maggi e l'architetto Follini? Ascoltate e sottolineate.

Obiettivo Esercitare la comprensione auditiva dettagliata.

Procedimento A questo punto fate ascoltare a libro chiuso la seconda parte della conversazione, questa volta tra la dottoressa Maggi e l'architetto Follini. Chiedete agli studenti di concentrarsi su quello che viene ordinato e invitateli a scambiarsi le informazioni a coppie.
Dopo questa prima fase lasciate agli studenti un paio di minuti per leggere il testo e poi fate ascoltare di nuovo il dialogo. Chiedete di sottolineare quanto ordinato da bere e da mangiare dalle due persone.

Soluzione
da mangiare: *gli gnocchi al pomodoro, l'antipasto della casa, gli spiedini con le verdure grigliate (per tutti e due)*
da bere: *mezzo litro di vino rosso, una bottiglia di acqua minerale naturale*

18 | Che cosa prendete?

Obiettivo Esercitare la competenza comunicativa orale. Funzione comunicativa: "decidere cosa ordinare in un ristorante".

Procedimento A coppie. Invitate gli studenti a rileggere la prima parte del dialogo dell'att. 17. Dite loro che si trovano al ristorante e devono discutere su cosa ordinare. Il dialogo e gli esempi nei fumetti saranno d'aiuto.

19 | Andate al ristorante e ordinate.

Obiettivo Esercitare la competenza comunicativa orale. Funzione comunicativa: "ordinare in un ristorante".

Procedimento Formate dei piccoli gruppi di 3 studenti (due sono i clienti e uno è il cameriere). Chiedete loro di immaginare di essere in un ristorante in Italia. Se volete potete mettere anche un po' di musica italiana come sottofondo. Dite loro di utilizzare il menu a pag. 35 e di ordinare da bere e da mangiare. I camerieri dovranno munirsi di un blocchetto o un foglio per le ordinazioni. Fate scambiare un paio di volte il ruolo di clienti e camerieri.

Che cosa manca in tavola?

20 | Riascoltate la fine del dialogo. Perché oggi è un giorno speciale per il cameriere?

Obiettivo Esercitare la comprensione auditiva selettiva.

Procedimento Fate ascoltare la registrazione e chiedete ai vostri studenti di rispondere alle domande della consegna. Fate confrontare a coppie e poi verificate in plenum.

Soluzione *Oggi è il primo giorno di lavoro del cameriere; sul tavolo mancano i bicchieri.*

21 | Guardate l'illustrazione e abbinate.

Obiettivo Presentare nuovo lessico (gli oggetti della tavola apparecchiata).

Procedimento Invitate i vostri studenti a lavorare a coppie e a trovare per ogni oggetto raffigurato la parola corrispondente.

Soluzione *1. piattino, 2. tazzina, 3 .forchetta, 4. coltello, 5. cucchiaio, 6. cucchiaino, 7. tovagliolo, 8. piatto, 9 bicchiere, 10. tovaglia*

22 | Manca qualcosa?

Obiettivo Fissare il lessico riguardante gli oggetti della tavola apparecchiata e le forme verbali *manca* / *mancano*.

Procedimento A coppie. Ogni studente disegna su di un foglio una tavola apparecchiata per due su cui mancano cinque cose. Il compagno deve individuare gli oggetti mancanti. Gli esempi nei fumetti sono d'aiuto. Fate notare l'uso di *mancare* alla terza persona con le due forme rispettivamente sing. e plur. *manca* / *mancano*.

23 | Con che cosa mangiate i seguenti cibi?

Obiettivo Ampliare il lessico riguardante i cibi e riflessione interculturale.

Procedimento Chiedete ai vostri corsisti con cosa mangiano i cibi rappresentati. Potete fare un confronto interculturale tra il loro paese di origine e l'Italia.

> Gli spaghetti non vanno mangiati aiutandosi con il cucchiaio né vanno tagliati ma arrotolati con la forchetta. La pizza si mangia con le mani solo se si tratta di quella al taglio, mentre la pizza al piatto andrebbe mangiata con le posate.

24 | Avete ospiti. Che cosa offrite a pranzo, il pomeriggio e dopo cena?

Obiettivo Presentare e trattare il verbo *preferire*.

Procedimento Fate notare la coniugazione del verbo *preferire*. Che cosa notano di particolare?
Sottolineate che l'aggiunta di *-sc* per il mantenimento del suono [k] caratterizza anche altri verbi come *capire* e *finire*.
Formate dei gruppi. In ognuno uno è il padrone di casa e gli altri gli ospiti. Dite loro di rispondere alla domanda della consegna. Devono porre le domande e rispondere secondo l'esempio.

25 | Aprite un locale.

Obiettivo Esercitare la competenza comunicativa orale.

Procedimento Dividete i corsisti in gruppi. Ogni gruppo sarà responsabile del progetto di un ristorante. Gli studenti dovranno cercare un nome, decidere il tipo di locale (pizzeria, trattoria ecc.) quali specialità culinarie offrire, come dividersi le mansioni all'interno del ristorante. Date un massimo di venti minuti al termine dei quali ogni gruppo dovrà presentare il proprio progetto. Tutti gli studenti decideranno qual è il ristorante più originale.

> Ecco i più importanti locali pubblici dove è possibile consumare pasti e cibi: *ristorante*, locale formale con posti assegnati e servizio al tavolo; *trattoria*, locale tipico dal servizio semplice, familiare, con cibi caratteristici della zona; *self service*, ristorante in cui ci si serve da sé senza servizio ai tavoli; *tavola calda*, locale (ristorante, bar o rosticceria) con servizio dei pasti al banco; *pizzeria*, locale specializzato in pizza e spesso in alcuni altri piatti caldi o freddi; *osteria*, locale dove si servono vino e altre bevande, talvolta con servizio di trattoria; *rosticceria*, locale dove si preparano e vendono specialità culinarie da asporto di diverso genere (quarta foto a sinistra).

Pronuncia

26 | Fate attenzione ai suoni.

Obiettivo Presentare la pronuncia delle combinazioni *sco/sca*, *sce/sci*, *gn*, *gl*.

Procedimento
a Dite ai vostri corsisti di provare a leggere le combinazioni di suoni riportate a destra (anche in coro). Fate a questo punto sentire la registrazione delle quattro frasi. Dite loro di ascoltare, leggere e sottolineare le parole in cui compaiono i suoni appena affrontati. Non controllate ancora i risultati.
b Dite loro di inserire le parole sottolineate nella tabella. Verificate quindi in plenum.

Soluzione
sc: *preferisco*, *scoglio*, *scaloppine*
sc: *preferisci*, *pesce*, *prosciutto*
gn: *gnocchi*, *lasagne*, *signora*
gl: *grigliata*, *gli*, *scoglio*

27 | E ora in movimento!

Obiettivo Fissare la pronuncia delle combinazioni *sca/sco*, *sce/sci*, *gn* e *gl*.

Procedimento Formate dei gruppi di 4 persone. Ogni gruppo si metterà in fila. Il primo della fila legge le prime tre parole riportate in basso a pag. 38. Se la pronuncia è corretta va a mettersi in coda. Il secondo studente legge le tre parole successive. Se la pronuncia è esatta va anche lui in coda altrimenti deve rileggere dall'inizio tutte le parole (in tutto 6). Si procede in questo modo finché non sono terminate le parole.
Il gruppo deve decidere qual è la pronuncia esatta e chiedere all'insegnante in caso di dubbio.

Giro d'Italia

In Lombardia con Linda
La regione protagonista del terzo Giro è la Lombardia, presentata da Linda, una delle autrici. Questo Giro si basa su un confronto interculturale tra la Lombardia e la regione di provenienza degli studenti.

1 La Lombardia è una regione a nord dell'Italia.

Procedimento Chiedete ai vostri corsisti di indicare la posizione geografica della loro regione di provenienza usando le parole indicate sulla rosa dei venti.

2 Siete in Lombardia. Quale specialità preferite provare?

Procedimento In base ai piatti nominati nel testo di Linda, chiedete ai vostri corsisti di rispondere alla domanda della consegna. Devono inoltre scegliere due piatti tipici della loro regione. A questo punto dite loro di chiedere al loro compagno di banco quale dei due preferisce provare.

3 Milano è cultura, moda e finanza.

Procedimento Chiedete ai vostri studenti di caratterizzare con una o due parole la città in cui abitano. Possono lasciarsi ispirare dalle parole usate nel testo per descrivere Milano.

4 E per voi qual è il simbolo della città di Milano?

Procedimento Domandate ai vostri corsisti di rispondere alla domanda della consegna. Chiedete poi loro di individuare un simbolo per la loro città o per il centro più importante della loro regione.

La foto in alto a destra rappresenta la Galleria Vittorio Emanule II a Milano. La seconda foto a destra mostra i Navigli e la terza foto in basso a destra raffigura un particolare della Madonnina in rame dorato posta sulla guglia maggiore del Duomo di Milano.

Per comunicare

28 | Scrivete due frasi o domande.

Obiettivo Selezionare le funzioni comunicative e il lessico per il proprio vocabolario.

Procedimento Chiedete ai vostri studenti di scrivere per ogni punto indicato due frasi o domande che potrebbero essere loro utili durante una conversazione.

Per il dossier

29 | Ideate il vostro biglietto da visita.

Obiettivo Esercitare l'abilità di scrittura.
Funzione: "creare il proprio biglietto da visita".

Procedimento Invitate ogni studente a creare il proprio biglietto da visita in base ai due esempi forniti. Fate notare i vocaboli utili per scrivere indirizzi e-mail riportati nella cornice a sinistra. Fate poi scambiare i biglietti da visita. Ogni studente dovrà presentare il proprio compagno agli altri. Il biglietto da visita deve essere inserito nel dossier di ognuno.

Ricapitoliamo!

Obiettivo Ripetere in modo ludico il lessico e le funzioni comunicative relative al cibo e al ristorante.

Materiale necessario Un set di carte per gruppo. Le carte le potete ricavare dalla fotocopia di pag. 81 di questa guida.

Procedimento Formate dei gruppi. Gli studenti scoprono le carte sul banco in modo che si possano leggere e cercano di formare con gli elementi forniti il maggior numero di frasi aggiungendo gli elementi grammaticali necessari. Vince il gruppo che scrive più frasi in un tempo prestabilito di massimo 10 minuti. Il gioco termina quando le carte finiscono o se non si possono più combinare frasi di senso compiuto. Ogni parola può essere usata solo una volta.

Intermezzo 1

Per imparare meglio

1 | Parole nuove: come fare?

Obiettivo Stimolare l'uso di tecniche diverse per memorizzare vocaboli nuovi.

Procedimento
a Guardate insieme l'immagine e dite ai vostri studenti di collegare mentalmente delle parole nuove a colori, sapori, gesti o suoni. Se per esempio pensassero alla parola *cappuccino* cosa potrebbero collegare a livello di gusto, udito, vista, olfatto e tatto? Riportate alla lavagna le associazioni fatte dagli studenti. Chiedete a questo punto di leggere il breve testo e di scrivere le parole sottolineate sotto i simboli dei sensi corrispondenti.
b Invitate gli studenti a mettere per iscritto altre associazioni per le parole *mare*, *trattoria*, *concerto*.
c Chiedete loro di pensare qual è stato il senso maggiormente "produttivo". Fate discutere in coppia ed eventualmente riportate i risultati in plenum.

2 | Occhio alle strategie!

Obiettivo Creare dei cartellini per la memorizzazione dei verbi.

Procedimento Invitate i vostri corsisti a creare dei cartellini con i verbi che intendono imparare. Distribuite dei cartellini su cui poter scrivere. Sulla facciata anteriore gli studenti dovranno scrivere il verbo in italiano mentre su quella posteriore la traduzione e la coniugazione in italiano (si veda l'esempio). Se evidenzieranno le finali sarà per loro più facile la memorizzazione.
Infine possono esercitare la coniugazione dei verbi in coppia mettendo insieme i loro cartellini e chiedendosi a vicenda di tradurre e coniugare il verbo scritto sulla facciata anteriore di ogni cartellino. Il compagno funge da controllore.

3 | E voi come imparate?

Obiettivo Ragionare sulle diverse tecniche di apprendimento.

Procedimento Chiedete ai vostri studenti di scambiarsi in coppia informazioni riguardo al loro metodo di apprendimento dei vocaboli. Raccogliete in plenum i metodi adottati da ognuno di loro cercando di fissare alla lavagna nuove idee e consigli che potrebbero essere utili.

Sbagliando s'impara

4 | Riflettiamo insieme sugli errori.

Obiettivo Individuare errori in frasi scritte.

Procedimento
a A coppie. Invitate i vostri corsisti ad individuare gli errori presenti nelle frasi 1–10.
b Prima di iniziare questa seconda parte dell'attività spiegate che esistono diverse tipologie d'errore: gli errori di grammatica riguardano tutti gli aspetti linguistici tranne il lessico; gli errori di lessico riguardano scelte erronee di termini non adeguati in una determinata situazione o contesto; gli errori d'uso (pragmatici, socio-culturali e referenziali) riguardano espressioni o termini di per sé corretti, ma che in quella situazione o in quel contesto sono usati erroneamente e che un madrelingua non userebbe. Fate adesso ordinare gli errori per categoria (a coppie).
c Chiedete agli studenti quali categorie d'errore disturbano maggiormente la comunicazione e perché. Parlatene in plenum e invitate gli studenti a raccontare delle loro esperienze personali.

Soluzione
a/b errore di grammatica: *2. (piace), 3. (prendi), 5. (lavora non), 10. (lavoro)*
errore di lessico: *1. (cugina), 4. (offro), 6. (ufficio medico)*
errore d'uso: *7. (Molto lieto), 8. (No.), 9. (Grazie.)*
c *Gli errori lessicali e d'uso sono quelli che bloccano la comunicazione e influenzano negativamente l'immagine dell'interlocutore, anche se straniero.*

Una lingua, una cultura

5 | Come vi comportate?

Obiettivo Riflettere sugli aspetti socioculturali e pragmatici.

Procedimento
a Chiedete ai vostri studenti di immedesimarsi nelle diverse situazioni presentate e di scegliere il comportamento secondo loro corretto. Fate verificare in coppia e quindi in plenum.

Ultimata questa prima parte dell'attività, fate notare che in Italiano si usa il *tu* all'interno di rapporti di parentela, in rapporti di confidenza e solidarietà o di contiguità (come sul lavoro) così come tra coetanei. Il *Lei* si usa in situazioni formali e in relazioni con basso grado di confidenza. Anche in casi incerti si predilige il *Lei*. Il passaggio dal *Lei* al *tu* indica un'acquisita confidenza e fiducia, anche per frequentazione. In italiano la forma di cortesia si usa in generale meno che in tedesco. *(punti 1–2)*
Si saluta normalmente dando la mano. Ci si bacia solo se c'è una certa confidenza, cioè tra amici, parenti (anche uomini). *(punti 3–4)*
Di solito in Italia dopo cena non si beve vino ma amari e superalcolici o bibite analcoliche. *(punto 5)*
Non è usuale al bar dividere il conto, ma uno paga anche per l'altro/-a e poi si fa a turno. *(punto 6)*
b Chiedete ai vostri studenti di individuare le differenze tra le usanze italiane e quelle del loro paese di appartenenza sulla base delle esperienze personali o di quanto imparato durante il corso d'italiano. Parlatene in plenum.

Soluzione
1. *Sono possibili più / tutte le crocette a seconda della giustificazione che si dà. Un madrelingua italiano non darebbe però del Lei ai colleghi di lavoro che vede ogni giorno.*
2. *Non si dà di solito del tu al cameriere, con il ragazzo diciottenne dipende.*
3. *Dare la mano significa dare del Lei all'interlocutore, quindi non è usuale con familiari, parenti e amici. Con i colleghi di lavoro dipende dal livello di confidenza.*
4. *Non si danno baci ai vicini, a meno che non ci siano rapporti di amicizia o di confidenza.*
5. *Una grappa o un amaro.*
6. *Solo la prima è possibile, le altre sarebbero molto scortesi.*

6 | Non solo parole!

Obiettivo Capire il significato culturale di alcune affermazioni.

Procedimento In coppia. Chiedete agli studenti di abbinare alle diverse affermazioni la spiegazione nella loro lingua di partenza.

Soluzione
1. Oh, dottore … come sta?, 2. Prendiamo un caffè?, 3. Oggi offro io!, 4. Ci vediamo al bar; 5. Buonanotte!

7 | Ma quanti titoli!

Obiettivo Riconoscere i titoli in italiano.

Procedimento
a Invitate i vostri corsisti a riconoscere i titoli (di lavoro o accademici) presenti nelle illustrazioni. Chiedete loro se conoscono altre forme oltre a queste.
Dopo aver controllato in plenum fate notare che in Italia si usano molto i titoli (scolastici, accademici o d'ambito professionale ecc.) e che ciò costituisce un rituale molto diffuso per esprimere rispetto e riverenza verso l'interlocutore. I titoli si usano però solo in situazioni formali e quando ci si rivolge ad un interlocutore con il *Lei*. Nell'italiano regionale a volte si usano i titoli, soprattutto *dottore*, anche quando l'interlocutore non ha questo titolo per sottolineare una gerarchia superiore e rispetto.
b Chiedete ai vostri studenti di scrivere per ognuno la forma estesa o breve corrispondente.

Soluzione
a *Dott., Dott.ssa, Avv., Geom., rag., arch., ing., dr.*
b *architetto, ragioniere, Dott.ssa, Geom., ingegnere, professore, Avv.*

Giochiamo insieme

8 | Chi arriva prima al mare?

Obiettivo Ripetere in modo ludico quanto affrontato nelle prime tre unità e nell'unità introduttiva.

Materiale necessario Il piano di gioco presente a pag. 45 del libro di testo, un dado per gruppo e delle pedine per ogni partecipante (p. es. delle monete).

Procedimento Formate dei gruppi di 3–4 persone. Le pedine si trovano all'inizio del gioco sulla casella *partenza*. Si tira il dado in senso orario. Ogni partecipante tira il dado e si muove di tante caselle quanto è il risultato ottenuto. Raggiunta la casella, deve risolvere il compito richiesto. Se ci riesce può rimanere sulla casella altrimenti deve ritornare indietro. I partecipanti stessi sono la giuria. Se si arriva su di una casella con le orme dei piedi, è consentito seguirle e saltare quindi alcuni compiti. Vince chi arriva per primo all'arrivo.

4 Ti va di uscire?

Temi	■ tempo libero e hobby ■ data e ora
Lessico	■ attività del tempo libero ■ date, mesi e giorni ■ l'ora ■ manifestazioni culturali e festività
Obiettivi	■ capire un programma di una manifestazione ■ dare un appuntamento ■ chiedere e dire l'ora ■ lasciare un messaggio sulla segreteria telefonica
Grammatica	■ *c'è* e *ci sono* ■ verbi come *mangiare, giocare, leggere* ecc. ■ i verbi modali *dovere* e *potere* ■ i verbi irregolari *uscire* e *andare* ■ le preposizioni *a, da, di* + articolo
Pronuncia	■ le combinazioni *qua, qui, que, quo*

1 | Guardate l'illustrazione. Quali attività del tempo libero riconoscete?

Obiettivo Introdurre al tema del tempo libero e attivare le preconoscenze degli studenti.

Procedimento Non affrontate ancora il test che proporrete nella seconda attività. Invitate gli studenti ad osservare l'illustrazione e a consultarsi con il proprio vicino per individuare a quali definizioni della colonna a destra corrispondono le attività del tempo libero rappresentate. Fate un riscontro in plenum e spiegate i vocaboli sconosciuti.

2 | Fate il test.

Obiettivo Reimpiegare il lessico riguardante il tema del tempo libero.

Procedimento Formate prima delle coppie.
a Ogni studente deve segnare sei attività che svolge spesso nel proprio tempo libero.
b Ciascuno riferisce al proprio compagno le attività selezionate e quest'ultimo conta quanti e quali simboli corrispondono alle scelte dell'altro. Ogni simbolo corrisponde a un profilo. Ogni compagno leggerà il profilo corrispondente al proprio partner (cioè quello per cui sono state scelte più attività). Ognuno di loro dice se si ritrova nella descrizione. In plenum chiarite eventuali dubbi di lessico.

→ **Attività supplementare** Prima di iniziare l'att. 3, potete raccogliere con l'aiuto dei corsisti le attività che si possono fare nel tempo libero e fissarle alla lavagna. Potete proporre diverse categorie: giocare a ... / fare uno sport / suonare uno strumento / fare visita a ... / andare al cinema / andare in discoteca ecc. Durante lo svolgimento della lezione potete arricchire la "rete" con il contributo dei vostri corsisti.

3 | Quali sono le vostre attività preferite? Avete anche altri hobby?

Obiettivo Esercitare la competenza comunicativa orale. Funzione comunicativa: "parlare delle attività del tempo libero preferite".

Procedimento Dividete gli studenti in gruppi di minimo 4 persone. In una prima fase dell'attività ogni partecipante del gruppo dice, con l'aiuto del primo esempio, quali sono le sue attività preferite. Alla fine, quando tutti hanno espresso le proprie preferenze, gli studenti possono fare una classifica delle attività più praticate dal gruppo e poi riportare in plenum i risultati come una sorta di statistica prendendo a modello il secondo esempio.

Ascoltare e capire

4 | Ascoltate l'intervista: quali sono gli hobby della signora Clara?

Obiettivo Esercitare la comprensione auditiva globale.

Procedimento Prima dell'ascolto dite agli studenti che sentiranno parlare Clara del proprio tempo libero. Suggerite loro di osservare la foto che potrebbe essere d'aiuto. Fate ascoltare la prima volta a libro chiuso chiedendo loro di confrontarsi con il compagno di banco sulle informazioni capite. Ripetete l'ascolto ancora una volta e invitate gli studenti a segnare con una crocetta l'affermazione corretta.
Segue un confronto in coppia e poi in plenum.

Soluzione *dipingere e fare giardinaggio*

Trascrizione ▶ 1/21

- ● Buongiorno a tutti, siamo qui con la signora Clara per parlare del tempo libero. Buongiorno.
- ○ Buongiorno.
- ● Signora Clara, quali sono i Suoi hobby?
- ○ Mi piace dipingere e fare giardinaggio. Anche quest'anno, con degli amici artisti, realizziamo un progetto che si chiama "orto d'artista".
- ● Un orto d'artista? Ma che cos'è esattamente?
- ○ È un orto bello da vedere e buono da mangiare. Seminiamo ortaggi come zucchini, insalate, pomodori …
- ● Ortaggi di stagione?
- ○ Sì, certamente, e fra questi vi collochiamo dei vasi in ceramica, decorati da noi stessi.
- ● Ah che bello! E quando realizzate questi orti?
- ○ In primavera, dal mese di marzo … al mese di giugno.
- ● E dove?
- ○ Nei parchi della nostra città, ma anche sui nostri terrazzi e balconi.
- ● Quindi a casa vostra?
- ○ Sì con degli orti leggermente più piccoli.
- ● Benissimo. E quante persone partecipano a questo progetto?
- ○ Siamo in tre i coordinatori, ma più di cento artisti hanno partecipato …
- ● Benissimo, adesso un attimo di pubblicità e poi torniamo con la signora Clara.

5 | Riascoltate l'intervista e sottolineate.

Obiettivo Esercitare la comprensione auditiva dettagliata e presentare i nomi dei mesi e delle stagioni.

Procedimento Fate riascoltare ancora una volta l'intervista invitando i vostri corsisti a sottolineare tra i due termini proposti quello corretto. Potete quindi portare l'attenzione al cerchio in alto a destra dove vengono presentati i nomi dei mesi e delle stagioni.

Soluzione *d'artista, primavera, marzo, giugno, cento, parchi, vasi*

Ci vediamo venerdì!

6 | Guardate il programma. Quale manifestazione va bene per il vostro compagno?

Obiettivo Esercitare la comprensione della lingua scritta e la competenza comunicativa orale.
Funzione comunicativa: "consigliare un'attività culturale". Introdurre inoltre i giorni della settimana.

Procedimento Continuate con le stesse coppie formate per l'att. 2. Prima di iniziare fate notare come vengono espresse in italiano le date (cornice a destra). Invitate i vostri corsisti a leggere ognuno per sé il calendario delle manifestazioni. Chiarite in plenum eventuali dubbi lessicali e chiedete loro come si dicono i giorni della settimana. Riportateli eventualmente alla lavagna. Dite quindi loro di scegliere, in base ai gusti del proprio compagno (rimandate alle scelte per il tempo libero dell'att. 2), una manifestazione a lui adatta. Ogni studente riferirà al compagno quanto per lui selezionato e quest'ultimo dovrà completare con le proprie scelte (secondo l'esempio).

7 | Ascoltate la telefonata.

Obiettivo Esercitare la comprensione auditiva dettagliata e fissare il lessico relativo ai giorni della settimana.

Procedimento

a Fate ascoltare una prima volta a libro chiuso chiedendo ai corsisti di concentrarsi su due informazioni: *di quali manifestazioni del programma di Estate a Carini parlano le due amiche? A quale manifestazione decidono di andare?* In base alla capacità auditiva del vostro gruppo potete decidere di proporre più volte la registrazione.
b Proponete un secondo ascolto questa volta a libro aperto. Gli studenti dovranno seguire il dialogo ascoltato con la trascrizione e inserire i giorni della settimana citati dalle due amiche.
Fate inoltre notare che in italiano è considerato maleducato rifiutare un invito senza fornire una motivazione.

Soluzione

a *uno spettacolo di varietà ("Urlando fino al cielo"), il torneo di briscola, i fuochi d'artificio, una sfilata di moda (la manifestazione scelta dalle amiche)*
b *mercoledì (2 ×), sabato (2 ×), venerdì (3 ×)*

> La *briscola* è un popolare gioco di carte di origine italiana. Si gioca con un mazzo di 40 carte napoletane o francesi, di quattro semi (denari, bastoni, coppe e spade quelle napoletane, quadri/mattoni, fiori, cuori, picche quelle francesi) con 2 o 4 giocatori.
> *Il teatro di varietà* è un genere di spettacolo di carattere leggero nato alla fine del XIX secolo a Napoli come imitazione del *Cafè-Chantant* francese.

8 | Osservate e riflettete.

Obiettivo Analisi linguistica: *c'è / ci sono*.

Procedimento Chiedete ai vostri studenti di leggere i quattro esempi e di provare a tradurre nella loro lingua di partenza le espressioni *c'è / ci sono*. Che differenze notano?

→ **Riflessione grammaticale supplementare**
Scrivete alla lavagna le seguenti frasi:
1. A Roma c'è il Colosseo.
2. Il Colosseo è a Roma.
Chiedete loro di riflettere sull'uso di *esserci* e di *essere*. Quando la frase inizia con un'indicazione di luogo (1) si usa *c'è / ci sono*, quando invece inizia con il soggetto (2) si usa *è / sono*.
Potete accennare le preposizioni *a* e *in* con o senza articolo in funzione di moto a luogo e stato a luogo con gli esempi ripresi dal dialogo.

9 | Che cosa c'è questa settimana alla televisione, al cinema, in città?

Obiettivo Esercitare le forme *c'è / ci sono* e ampliare il lessico del tempo libero.

Procedimento Dividete gli studenti a coppie e chiarite eventuali dubbi lessicali. Chiedete loro di scrivere una lista degli eventi offerti dalla loro città per la settimana corrente: manifestazioni culturali, programmi televisivi, cinema, incontri organizzati dalla loro VHS, concerti ecc. Dite loro che devono scrivere frasi complete usando *c'è* o *ci sono* come negli esempi dell'att. 8.
Vince la coppia che dopo quattro minuti ha scritto la lista più ricca di avvenimenti.

> Il termine *giallo* viene usato nella lingua italiana per indicare un libro o un film poliziesco e deve la sua nascita alla collana *Il Giallo Mondadori*, pubblicata in Italia da Arnoldo Mondadori a partire dal 1929. Il termine *giallo*, dal colore della copertina, ha sostituito in Italia quello di *poliziesco*.

10 | Facciamo qualcosa insieme? Fate il dialogo.

Obiettivo Esercitare la competenza comunicativa orale. Funzioni comunicative: "fare una proposta / controposta" e "accettare / rifiutare un invito".

Procedimento Formate delle coppie. Prima dell'inizio dell'attività fate notare la coniugazione irregolare del verbo *uscire* e presentate le espressioni utili per fare una proposta / controproposta e per accettare / rifiutare un invito, presenti nei due riquadri. Chiedete quindi agli studenti di riprendere le liste con gli appuntamenti della settimana della loro città e invitateli a sceglierne alcuni insieme utilizzando gli esempi.

11 | Inserite i verbi nelle tabelle.

Obiettivo Presentare e trattare i verbi modali *potere* e *dovere*.

Procedimento Invitate i vostri corsisti ad inserire le forme mancanti negli specchietti.

Soluzione
potere: *posso, possiamo, potete, possono*
dovere: *deve, dobbiamo, dovete, devono*

12 | Martedì non possiamo perché dobbiamo ...

Obiettivo Esercitare i verbi modali *potere* e *dovere* e i giorni della settimana.

Procedimento
a Dividete i corsisti in piccoli gruppi e chiedete loro di formulare delle frasi con gli elementi forniti. In ogni frase devono utilizzare uno dei verbi modali *potere* o *dovere* e un giorno della settimana. Gli esempi in corsivo saranno di aiuto.
b Adesso ognuno di loro dovrà scrivere su un foglio tre frasi in cui descrivono che cosa possono / devono o non possono / devono fare questa settimana. Gli studenti si scambiano i foglietti all'interno del gruppo e ognuno di loro riferisce quanto scritto dal compagno.

Che ore sono?

13 | Facciamo alle otto? Ascoltate.

Obiettivo Presentare le funzioni comunicative "chiedere e dire che ore sono" (a) ed esercitare la comprensione auditiva dettagliata (b).

Procedimento
a Dite agli studenti di ascoltare come si chiede e come si dice che ora è. Fate notare che in italiano si può chiedere indifferentemente *Che ora è?* o *Che ore sono?* La risposta dipende dall'ora (singolare o plurale).
b Fate ascoltare la seconda registrazione e chiedete loro di completare l'orologio con gli orari mancanti. Portate anche l'attenzione alla foto di Claudia e al fumetto. Spiegate eventualmente il significato dell'espressione *essere in ritardo*.

Soluzione *È l'una, e dieci, e venticinque, meno dieci, meno cinque*

14 | Scegliete quattro numeri.

Obiettivo Esercitare le ore.

Procedimento Dividete i corsisti in coppie. Ogni coppia deve scegliere 4 numeri tra quelli riportati sul testo. Date a questo punto 2 minuti di tempo per scrivere il maggior numero di combinazioni di orari. Controllate in plenum. Vince la coppia con il numero maggiore di orari corretti.

15 | E ora in movimento!

Obiettivo Esercitare la competenza comunicativa orale. Funzione comunicativa: "chiedere e dire che ore sono".

Procedimento Invitate gli studenti a munirsi di una matita più lunga e di una più corta. Con un po' di fantasia rappresenteranno le lancette di un orologio. Dite loro di andare in giro per l'aula e di chiedere ad un compagno sempre diverso *Che ora è? / Che ore sono?* mostrando il loro immaginario orologio.

16 | Che cosa fate ogni giorno? A che ora?

Obiettivo Esercitare la competenza comunicativa orale e introdurre lessico nuovo riguardo alle attività quotidiane.

Procedimento Prima di iniziare l'attività fate notare il minidialogo in cui si chiede che cosa si fa e a che ora e anche la cornice a sinistra con le indicazioni sugli orari e la preposizione *a*. Formate quindi delle coppie. Chiedete loro di intervistarsi reciprocamente sulle loro abitudini giornaliere e di segnare gli orari nella scheda che si trova sul testo. Se ritenete necessario potete ripetere brevemente la coniugazione dei verbi in *-are* e *leggere*, necessari per parlare delle loro abitudini. Chiedete infine alle coppie di riferire in plenum sulle abitudini e sugli orari comuni (p. es. *Facciamo colazione alle 7.*).

17 | Quale parte della giornata amate particolarmente? Perché?

Obiettivo Esercitare la competenza comunicativa orale e presentare il verbo irregolare *andare*.

Procedimento Fate notare la coniugazione irregolare del verbo *andare* e le parole indicanti le diverse parti della giornata che saranno utili per lo svolgimento dell'attività. Formate dei piccoli gruppi all'interno dei quali si dovrà discutere qual è la parte del giorno che preferiscono, motivando le loro scelte. Gli studenti possono scrivere le risposte di ogni persona del gruppo facendo alla fine una sorta di statistica. Controllate in plenum i risultati di ogni gruppo.

Dove andate?

18 | Leggete gli annunci.

Obiettivo Esercitare la comprensione della lingua scritta.

Procedimento
a Invitate i vostri studenti a leggere gli annunci di diverse manifestazioni e dite loro di abbinare ad ogni testo il titolo corrispondente.
b Dite ai vostri studenti di immaginare di essere in viaggio in Italia con il loro camper. A quali di queste manifestazioni vorrebbero partecipare? Dite loro di motivare le scelte.

Soluzione
Barberino Estate: 3.
Andalo vola: 6.
La Juventus in ritiro a Pinzolo: 4.

19 | Ascoltate i messaggi.

Obiettivo Esercitare la comprensione auditiva dettagliata.

Procedimento
a Invitate i vostri studenti ad ascoltare le due registrazioni cercando di capire a quali delle manifestazioni incontrate nell'att. 18 vogliono andare Tiziana e Vittorio. Verificate in plenum.
b Fate riascoltare ancora una volta le due registrazioni e chiedete ai vostri corsisti di sottolineare le frasi utilizzate da Vittorio nel suo messaggio. Ad attività ultimata fate ascoltare una terza volta per verificare e quindi controllate in plenum.

Soluzione
a *Tiziana vuole andare ad Andalo Vola e Vittorio a Pinzolo alla festa bianconera.*
b *Sono io Vittorio; Grazie dell'invito; Andiamo a Pinzolo alla festa bianconera; Facciamo un'altra volta; Ti richiamo; A presto, baci!*

20 | Osservate e completate.

Obiettivo Analisi linguistica: le preposizioni articolate nelle espressioni temporali.

Procedimento Invitate i vostri corsisti ad osservare le frasi e l'esempio con *di* + *il* riportato nella cornice a destra. Dite loro di completare lo specchietto verde con l'articolo corrispondente a ciascuna preposizione articolata. Fate inoltre notare la combinazione *da … a* per indicare una durata.

Soluzione *l', il, le*

21 | Mandate un SMS.

Obiettivo Esercitare l'abilità di scrittura.
Funzione comunicativa: "scrivere un SMS".

Procedimento Dividete gli studenti in coppie e chiedete loro di sedersi schiena contro schiena. A questo punto ognuno di loro dovrà scrivere un SMS su di un foglietto che si scambieranno. Il contenuto dell'SMS deve essere un ipotetico invito ad andare insieme ad un'attività culturale. Ognuno di loro dovrà quindi inventare e scrivere una risposta in forma di SMS al messaggio ricevuto.

22 | E ora in movimento! Mettetevi d'accordo.

Obiettivo Ripetere in modo ludico quanto affrontato nell'unità quattro a livello grammaticale, lessicale e di funzioni comunicative.

Procedimento Ogni studente deve scrivere sulla propria agenda tutti gli appuntamenti immaginari di lavoro (dalle 9 alle 16) e non, della loro settimana. Fate notare le possibili attività illustrate nelle vignette e l'uso dell'articolo davanti ai nomi dei giorni della settimana e, se non l'avete ancora fatto, l'uso della preposizione *a* (semplice e articolata) nello stato in luogo e nel moto a luogo, come p. es. *sono al corso di cucina, vado al cinema.* Ogni corsista deve quindi andare in giro per l'aula cercando di mettersi d'accordo con alcuni dei suoi compagni di corso su ciò che vuole fare nei momenti liberi della settimana. Se per quel giorno a quell'ora ha già un altro impegno, deve giustificarsi e spiegare il motivo del suo rifiuto. Per ogni appuntamento si deve scegliere sempre un partner diverso. Il minidialogo in corsivo sarà loro d'aiuto.
Allo scadere del tempo dato a disposizione per il gioco, vince lo studente che è riuscito a fissare il maggior numero di appuntamenti.

Pronuncia

23 | Ascoltate la canzone.

Obiettivo Presentare la pronuncia delle combinazioni *qua, qui, que, quo.*

Procedimento
a Dite ai vostri corsisti che ascolteranno una famosa canzone italiana per bambini. Dopo aver ascoltato una volta il ritornello, chiedete loro di leggere la strofa e di dire qual è il suono che viene spesso ripetuto nei numeri. Che differenze di pronuncia notano tra la loro lingua di partenza e l'italiano?
b Chiedete adesso loro di cantare tutti insieme la strofa. Se non volessero cantarla, fatela ripetere in plenum a voce alta.

> Lo *Zecchino d'Oro* è una rassegna canora internazionale di musica per l'infanzia. *Quarantaquattro gatti* è un brano musicale del 1968, vincitore dello Zecchino d'Oro di quell'anno. Dite ai vostri studenti che i video originali di questa canzone e di molti altri successi dello Zecchino d'Oro sono accessibili sul sito ufficiale della manifestazione.
> Per il sito rimandiamo a www.klett.de/conpiacere.

24 | Abbinate e pronunciate.

Obiettivo Fissare la pronuncia delle combinazioni *qua, qui, que, quo.*

Procedimento Ogni studente sceglie uno degli oggetti a cui deve abbinare i numeri presenti a sinistra. A questo punto deve pronunciare ad alta voce il numero seguito dall'oggetto prescelto, così come nell'esempio. I corsisti devono fare attenzione all'esatta pronuncia delle combinazioni con *qu.*

Giro d'Italia

Nel Lazio con Alessandra
La regione protagonista del quarto Giro è il Lazio. Questo Giro si basa sulla scoperta delle bellezze di questa regione dalla storia molto antica e sul confronto con la regione di appartenenza dei corsisti.

1 Dove si trova la regione Lazio?

Procedimento Chiedete ai vostri corsisti di indicare la posizione geografica del Lazio (potete anche fare riferimento alla cartina all'interno della copertina). Chiedete inoltre se la loro regione di provenienza è così densamente abitata come la regione italiana in questione.

2 Nel Lazio ci sono testimonianze di epoche diverse.

Procedimento Chiedete ai vostri studenti di individuare le attrazioni turistiche citate nel testo.

Soluzione *le città dei morti di Cerveteri e Tarquinia (necropoli etrusche), Villa d'Este e Villa Adriano a Tivoli (rispettivamente villa rinascimentale e antica villa romana)*

3 Quale gita vi interessa particolarmente?

Procedimento Chiedete ai vostri corsisti qual è l'escursione che li interesserebbe maggiormente tra quelle descritte nel testo.

4 Da voi ci sono le feste dei fiori e gli spettacoli all'aperto?

Procedimento Chiedete ai vostri studenti di pensare se nella loro regione di provenienza ci sono anche manifestazioni all'aperto e feste dei fiori come nel Lazio.

5 Roma è la capitale d'Italia.

Procedimento Chiedete ai vostri corsisti se sono già stati a Roma e che cosa hanno visto della città. Se non ci sono ancora stati, cosa vorrebbero vedere? Dite che la foto in basso a destra mostra Piazza Navona. Fate notare l'espressione *vorrei vedere* ("ich möchte sehen") ma non mettetevi a spiegare il condizionale che verrà trattato più tardi (a livello A2).

Europa, meglio conosciuto come EUR, è il nome del trentaduesimo quartiere di Roma. L'EUR è un quartiere moderno famoso per la sua architettura razionalista, concepito e costruito in occasione dell'Esposizione Universale che si sarebbe dovuta tenere nella Capitale nel 1942, per celebrare il ventesimo anniversario della Marcia su Roma. La manifestazione è stata poi annullata a causa della seconda Guerra Mondiale e il quartiere è stato completato in tempi successivi.

Per comunicare

25 | Domande, domande ... Scrivete due domande.

Obiettivo Esercitare la competenza comunicativa scritta e orale.

Procedimento Dite ai vostri studenti di leggere le domande che si trovano nei riquadri divise per argomento. Chiedete loro di sceglierne due, di cambiarle a seconda delle loro necessità comunicative e di scriverle su due biglietti diversi. A questo punto ognuno di loro dovrà porre una propria domanda ad un compagno e rispondere a una delle sue. Terminata questa breve conversazione, si scambieranno i biglietti e andranno alla ricerca di un nuovo compagno a cui porranno la nuova domanda ricevuta o la propria seconda domanda.

Per il dossier

26 | Il tuo profilo su Italiansonline.net.

Obiettivo Esercitare l'abilità di scrittura.
Funzione: "completare un formulario".

Procedimento Invitate ogni studente a completare il profilo con i propri dati, indicando anche la propria professione, gli hobby e gli interessi. Aiutateli a risolvere eventuali dubbi lessicali.

Ricapitoliamo!

Obiettivo Ripetere in modo ludico quanto affrontato nell'unità 4 a livello grammaticale, lessicale e di funzioni comunicative.

Materiale necessario Un set di carte per coppia. Le carte le potete ricavare dalla fotocopia di pag. 82 di questa guida.

Procedimento Ogni studente deve a turno tirare dal mazzo (rivolto verso il basso) una carta e immedesimarsi nelle persone descritte sul cartellino. Dite loro di presentarsi al compagno e raccontare che cosa fanno nel tempo libero spiegando quando, come, perché, con chi ecc.

5 Tutti in vacanza!

Temi	■ vacanze e viaggi ■ reclami
Lessico	■ vacanza e tipi di vacanze ■ gusti e sapori ■ luoghi di soggiorno ■ oggetti di una camera d'alloggio ■ reclami ■ indicazioni temporali
Obiettivi	■ parlare di viaggi e vacanze ■ dare informazioni sui propri gusti e interessi in fatto di vacanze ■ formulare reclami e richieste in riferimento all'alloggio ■ parlare di eventi del passato
Grammatica	■ i pronomi insieme ad una preposizione ■ la concordanza dell'aggettivo al singolare e al plurale ■ le particolarità nella formazione del plurale di sostantivi e di aggettivi ■ le preposizioni articolate (*in* / *su*) ■ il passato prossimo con *essere* e *avere* dei verbi regolari e irregolari
Pronuncia	■ intonazione della domanda e della frase affermativa

1 | Guardate il dépliant. Per chi può essere interessante? È interessante anche per voi?

Obiettivo Introdurre al tema vacanza e fornire lessico adeguato.

Procedimento Invitate gli studenti ad osservare esclusivamente le immagini. Dite loro di consultarsi con il proprio vicino per parlare dei luoghi e delle cose che vedono rappresentati. *Cosa mostrano le foto?* Chiedete ai corsisti se si ricordano le parole per descrivere i luoghi rappresentati (*mare*, *montagna*, *lago*). Domandategli quindi a chi possono interessare questi luoghi di vacanze, se sono interessanti anche per loro e perché. Chiedete adesso di leggere il testo che si trova a fianco delle immagini. *Dov'è situata la regione di appartenenza?* (Dite loro di lavorare anche con la cartina all'interno della copertina del libro). *Dove si trova questa regione? Quali sono le sue caratteristiche?*
Scrivete poi alla lavagna la parola *vacanza* e chiedete ai vostri studenti di dirvi tutte le parole che gli vengono in mente riferite a questo argomento. Sicuramente molti di loro saranno già stati in Italia in vacanza e quindi cercate di sfruttare al massimo le loro preconoscenze. Durante lo svolgimento della lezione potete arricchire la "rete" con il contributo dei partecipanti.

L'Abruzzo è una regione dell'Italia meridionale. Il suo territorio è prevalentemente montuoso e collinare e la pianura è costituita soltanto da una stretta fascia costiera che segue il litorale. La regione presenta le vette più alte dell'Appennino, con il Gran Sasso d'Italia e il massiccio della Maiella, cui si aggiungono diversi rilievi tra cui quelli delle montagne del Parco Nazionale d'Abruzzo. La città capoluogo è L'Aquila, storicamente il centro culturale e politico della regione. Il 6 aprile 2009 è stata colpita da un terremoto che ha distrutto buona parte della città e del centro storico. Alcune chiese come la Chiesa delle Anime Sante all'Aquila e la Chiesa della Concezione a Paganica sono rimaste gravemente danneggiate. La più popolosa città abruzzese è però Pescara, situata sulla costa. Pescara è una città moderna che ha sviluppato la sua economia sui servizi e il commercio. È anche un vivace centro culturale dove sono presenti diversi musei e festival di vario genere anche di importanza internazionale.

2 | Osservate le foto, leggete e coprite la pagina. Poi sottolineate.

Obiettivo Introdurre al lessico della lezione.

Procedimento Formate delle coppie. Date 20 secondi di tempo per osservare attentamente le foto del dépliant a pag. 56 e rileggere il testo. Allo scadere del tempo chiedete di leggere la lista di vocaboli di quest'attività e di coprire le immagini dell'att. 1. Chiarite eventuali dubbi sui significati. A questo punto i vostri studenti dovranno sottolineare tutte le parole che possono avere un riferimento con le immagini del prospetto. Dite loro di verificare ponendosi a vicenda delle domande come nell'esempio.

3 | Che tipo di vacanza rappresentano le foto?

Obiettivo Esercitare la competenza comunicativa orale. Funzione comunicativa "esprimere la propria opinione".

Procedimento Dividete i corsisti in gruppi e chiedete loro di esprimere un parere riguardo ai diversi tipi di vacanze rappresentate nelle foto dell'att. 1 usando gli aggettivi elencati. Chiarite prima in plenum il significato di eventuali aggettivi non ancora conosciuti. Fate inoltre notare le espressioni *per me*, *per te* ecc. usate per esprime un'opinione personale e invitate i corsisti a rispondere con l'aiuto dell'esempio.

Per me vacanza significa ...

4 | Mettete le crocette.

Obiettivo Esercitare la competenza comunicativa orale. Ripresa e ampliamento della funzione comunicativa: "esprimere la propria opinione".

Procedimento Chiedete ad ogni corsista di scegliere tre affermazioni che corrispondono alla loro concezione di vacanza (risolvete eventuali dubbi di comprensione), dopodiché dite loro di confrontarsi a coppie sulle scelte effettuate. Ogni coppia dovrà presentare i risultati in plenum. L'esempio sarà loro d'aiuto.
Fate notare l'uso di *anche* che serve per esprimere un nuovo concetto che si aggiunge a quanto precedentemente affermato e di *invece* che serve per introdurre un concetto diverso da quanto appena affermato.

5 | Osservate e completate.

Obiettivo Analisi linguistica: la concordanza degli aggettivi.

Procedimento Fate leggere nuovamente le affermazioni dell'att. 4 e quindi chiedete di completare lo specchietto. Quali somiglianze notano tra le finali dei sostantivi e degli aggettivi?

Soluzione *comodo, interessante, diversa, caldi, rilassanti*

6 | Mettete gli aggettivi in ordine alfabetico e cercate per ognuno un sostantivo adatto.

Obiettivo Sviluppare la competenza lessicale e fissare l'uso della concordanza degli aggettivi con i sostantivi.

Procedimento Formate dei gruppi. Chiedete ad ogni gruppo di mettere in ordine alfabetico la lista di aggettivi (su un foglio a parte) e di abbinare a ciascuno di essi un sostantivo. Dite loro di fare attenzione alla concordanza. Vince il gruppo che trova il maggior numero di abbinamenti corretti.

7 | Che sapore ha la vacanza?

Obiettivo Esercitare la competenza comunicativa orale. Funzione comunicativa: "parlare di una vacanza partendo dai ricordi sensoriali (cioè il sapore di una vacanza)".

Procedimento Prima di iniziare l'attività, chiedete ai vostri corsisti se hanno altri esempi di cibi legati ai 5 gusti presentati sul testo. Riportate il tutto alla lavagna in una tabella dove ogni colonna corrisponderà ad un gusto (aspro, piccante ecc.).
Dividete quindi gli studenti in coppie e chiedete loro di lasciarsi ispirare dagli abbinamenti presentati sul libro e nella tabella appena creata per descrivere una vacanza che ricordano con piacere. L'esempio sarà loro di aiuto.

8 | Scrivete voi la pubblicità per la vostra regione.

Obiettivo Esercitare l'abilità di scrittura.
Funzione: "scrivere una pubblicità".

Procedimento A questo punto dell'unità i vostri studenti hanno tutte le informazioni necessarie per scrivere una pubblicità della loro regione di provenienza. Formate dei gruppi e chiedete ad ogni gruppo di formulare uno slogan simile alla pubblicità sull'Abruzzo a pag. 56. Alla fine potete votare in plenum la pubblicità più bella.

Ascoltare e capire

9 | Ascoltate i seguenti annunci.

Obiettivo Esercitare la comprensione auditiva globale.

Procedimento Dite ai corsisti che ascolteranno tre messaggi e che dovranno cercare di intuire in quale luogo vengono pronunciati mettendo una crocetta sulle affermazioni esatte. Chiarite prima eventuali dubbi sui vocaboli e fate ascoltare la registrazione un paio di volte.

Soluzione A *alla stazione*, B *alla radio*, C *in spiaggia*

Trascrizione ▶ 1/27

A Attenzione: il treno regionale delle ore 14.01 proveniente da Pisa centrale e diretto a Empoli è in arrivo al binario 5 anziché al binario 3. Ripeto: il treno regionale delle ore 14.01 da Pisa centrale e diretto a Empoli è in arrivo al binario 5 e non al binario 3.

B E ora le informazioni sulla viabilità di "Autostrade per l'Italia": sulla A1 tratto Bologna – Roma, in direzione Napoli, coda al bivio Firenze – Pisa Nord e Firenze Certosa per traffico intenso. A8 Milano – Varese, direzione Milano, coda in uscita alla barriera di Milano Nord.

C Tutti in forma, tutti tonici! Anche oggi come tutti i giorni dalle ore 10.00 alle ore 10.30 corso di acquagym per tutti gli ospiti del Bagno Perla. Appuntamento alle ore 9.50 davanti alla postazione del bagnino. Vi aspettiamo!

10 | Riascoltate e mettete una crocetta.

Obiettivo Esercitare la comprensione auditiva selettiva.

Procedimento Dopo aver fatto leggere le frasi fate riascoltare ancora le registrazioni e chiedete ai partecipanti di indicare con una crocetta le affermazioni corrette. Sottolineate ancora una volta che non è necessario capire tutto, basta concentrarsi sui punti richiesti.

Soluzione A *al binario* 5; B *ci sono code*; C *alle 10.00*.

Dove alloggiare?

11 | Campeggio, B&B o agriturismo?

Obiettivo Esercitare la comprensione scritta selettiva.

Procedimento Chiedete ai vostri corsisti di leggere gli annunci dell'agriturismo, del camping e del B&B. Qual è secondo loro la sistemazione più adatta per una persona tranquilla, che non vuole abitare lontano da un centro cittadino e che ama mangiare in ristoranti sempre diversi? Fate ricavare dai tre annunci le informazioni utili per motivare la risposta.

Soluzione *C: La Locanda "Tre Pini" perché non è lontana da Chieti, è immersa nel verde e quindi in un luogo tranquillo ed essendo un B&B offre solo pernottamento e colazione.*

L'agriturismo era in origine una forma di turismo nella quale il turista veniva ospitato presso un'azienda agricola e l'accoglienza era organizzata in rapporto con l'attività agricola. Negli ultimi anni l'agriturismo si è molto evoluto: oggi coinvolge un grande pubblico motivato dal contatto con la natura, la buona tavola e la tranquillità. In Italia questo tipo di vacanza è molto amato anche dai turisti stranieri.

12 | Rileggete gli annunci.

Obiettivo Esercitare la comprensione scritta dettagliata (a) e la competenza comunicativa orale (b). Funzione comunicativa: "esprimere una preferenza motivando".

Procedimento

a Chiedete di leggere nuovamente gli annunci e di abbinare ad ognuno le affermazioni corrispondenti.

b Ampliate l'attività chiedendo ai corsisti se tra le tre possibilità d'alloggio una può andar bene anche per loro e perché. Gli studenti possono rispondere secondo l'esempio.

A questo punto fate anche notare il richiamo con le preposizioni articolate nella cornice a destra. Fate completare invitando a riflettere sulla formazione delle preposizioni articolate. Rimandate quindi alla grammatica a pag. 65 dove si trova lo schema completo.

Soluzione (in linea verticale) *A, B, C, C, A, B*
cornice a destra: *il, il*

Vorremmo prenotare ...

13 | Programmate una vacanza insieme e riferite.

Obiettivo Esercitare la competenza comunicativa orale.

Procedimento Formate delle coppie e chiedete loro di pianificare insieme una vacanza (partner e/o famiglie incluse). Dite loro di prendere spunto dalle domande e dalle possibili risposte presentate nei riquadri. Alla fine ogni coppia riferirà in plenum sulla propria vacanza.

14 | Scrivete un'e-mail per prenotare e chiedere informazioni.

Obiettivo Esercitare l'abilità di scrittura. Funzione comunicativa: "scrivere una prenotazione per e-mail".

Procedimento Chiedete di completare la mail con le informazioni mancanti (numero di persone, età, periodo) e di formulare la domanda sulle possibilità di parcheggio.

Qual è il problema?

15 | Guardate le foto e ascoltate.

Obiettivo Esercitare la comprensione auditiva selettiva.

Procedimento Dite ai vostri corsisti che ascolteranno tre brevi conversazioni in ognuna delle quali qualcuno si lamenta di qualcosa. Fate ascoltare una prima volta a libro chiuso. Invitate quindi i partecipanti a leggere le espressioni chiave dei tre dialoghi (*Non funziona / funzionano* ... ecc.) e ad osservare le immagini e le loro didascalie. Proponete un secondo ascolto (questa volta a libro aperto) chiedendo di indicare per ogni dialogo l'oggetto del reclamo. Controllate in plenum.
Fate infine notare l'uso di *funziona / funzionano* e di *manca / mancano* in relazione al numero degli oggetti in questione.

Soluzione
1. *Non funziona la doccia.*
2. *Mancano gli asciugamani.*
3. *C'è un guasto alla presa.*

16 | Ora segnalate voi un problema.

Obiettivo Esercitare la competenza comunicativa orale. Funzione comunicativa: "formulare un reclamo".

Procedimento A coppie. Invitate i vostri studenti a ricreare una conversazione simile a quelle appena ascoltate. A piacere possono scegliere il tipo di reclamo. Se lo ritenete necessario svolgete il primo dialogo assumendo il ruolo del receptionista.

Dove siete stati?

17 | Leggete l'e-mail. Perché Giuliana prende il treno?

Obiettivo Esercitare la comprensione scritta dettagliata.

Procedimento Fate leggere una prima volta l'e-mail e chiedete agli studenti di individuare il motivo per cui Giuliana parte con il treno. Fate notare il significato di *ho saputo* come riportato nella cornice a sinistra.

Soluzione *Giuliana parte con il treno perché hanno cancellato il volo per Verona.*

18 | Rileggete l'e-mail.

Obiettivo Esercitare la comprensione scritta dettagliata e presentare in modo induttivo il passato prossimo.

Procedimento
a Invitate i vostri corsisti a rileggere la mail e a sottolineare le azioni che si svolgono nel passato. Controllate in plenum.
b Chiedete quindi di distribuire temporalmente gli eventi successi a Giuliana inserendo le quattro espressioni nel momento della giornata corrispondente.

Soluzione
ieri: *acquisto del biglietto del treno*
stamattina: *SMS senza risposta*
stasera: *partenza da Bari*
domani mattina: *arrivo a Verona*

19 | Completate le forme del participio passato.

Obiettivo Analisi linguistica: la formazione del passato prossimo con *avere*.

Procedimento Fate completare lo specchietto e la cornice con le terminazioni del participio passato e quindi la regola dei participi regolari. Fate notare che con l'ausiliare *avere* il participio non concorda con il soggetto e la terminazione in *-o* è sempre uguale.

Soluzione *-ato*, *-uto*
cornice a destra: *-ato*, *-uto*, *-ito*

20 | Formate delle frasi.

Obiettivo Fissare l'uso del passato prossimo per iscritto.

Procedimento A coppie. Chiedete agli studenti di scrivere su di un foglio una frase al presente con uno dei verbi elencati. Raccogliete tutti i fogli e ridistribuiteli. A questo punto le coppie dovranno scrivere al passato la frase ricevuta. Ripetete lo stesso procedimento 3–4 volte.

21 | E ora in movimento! Chi ha fatto queste cose ieri?

Obiettivo Fissare oralmente l'uso del passato prossimo.

Procedimento Invitate i vostri corsisti ad alzarsi e a girare per l'aula cercando delle persone che ieri hanno svolto le attività presenti nella tabella azzurra. Per ogni attività dovranno trovare una persona corrispondente. La domanda e la risposta dovranno essere formulate con il verbo al passato prossimo. Ricordate che rispondere *sì* o *no* non è sufficiente. Ogni volta dovrà essere ripetuto il verbo anche nella risposta!
Riportate infine i risultati in plenum. Se volete rendere l'attività più competitiva, potete dire che alla fine avrà vinto lo studente che ha raccolto più nomi.

22 | Dove sono stati i tre amici? Ascoltate e segnate sulla cartina.

Obiettivo Esercitare la comprensione auditiva dettagliata.

Procedimento Fate ascoltare il dialogo una prima volta a libro chiuso. Fate quindi ascoltare un'altra volta coprendo la trascrizione presente sul testo e facendo guardare soltanto la cartina geografica. In quali luoghi sono stati i tre amici?
Le tre foto a destra rappresentano rispettivamente la Valle dei Mòcheni (in provincia di Trento), il Castello del Buonconsiglio e Piazza del Duomo a Trento.

Soluzione *I tre amici sono stati in Trentino a Trento, nella Valle dei Mocheni e al Lago di Ledro.*

> La corretta pronuncia è Valle dei Mòcheni (non Mochéni!). I Mocheni sono un piccolo gruppo etnico in provincia di Trento che risale a coloni di origine tedesca chiamati nel XIII sec. dai signori feudali di Pergine per popolare la zona. Il nome deriva dal tedesco *machen*, "fare", in particolare dalla frase *mache ich* che nel dialetto diventa *mòchen* e da cui appunto *mocheni*.
> Curiosità: lo scrittore austriaco Robert Musil la definì "valle incantata" (*das verzauberte Tal*) per via dei suoi paesaggi.

23 | Leggete il dialogo.

Obiettivo Analisi linguistica: il passato prossimo con l'ausiliare *essere*.

Procedimento
a Fate questa volta leggere la trascrizione del dialogo chiedendo agli studenti di trovare le terminazioni dei participi. Che cosa notano di diverso nella formazione con l'ausiliare *essere* rispetto alla formazione con l'ausiliare *avere*? Fate completare lo specchietto con l'ausiliare *essere*. Ricordatevi di dire che l'uso di *essere* e *avere* è molto simile al tedesco.

b Chiedete adesso di individuare nel dialogo i participi irregolari di cui qui è dato l'infinito. Fate inoltre notare che i verbi *essere* e *stare* hanno la stessa forma irregolare di participio.

Soluzione
a *stato, partite*
b *rimasto, fatto, venuto, visto, preso*

24 | Rileggete il dialogo e rispondete.

Obiettivo Esercitare la comprensione scritta dettagliata.

Procedimento Invitate i vostri studenti a rileggere ancora una volta il dialogo e a rispondere alle domande in forma scritta.

Soluzione
1. *Giuliana è stata in Trentino con Patrizia e Paolo.*
2. *Giuliana e Patrizia sono poi partite per Bari e per il Salento.*
3. *L'amico di Paolo è rimasto in città ma è uscito quasi tutte le sere con Giada.*

→ Attività supplementare

Obiettivo Fissare le indicazioni temporali.

Procedimento Fate notare la cornice in basso a destra con le indicazioni temporali. Invitate i vostri studenti a creare delle frasi al passato prossimo con queste espressioni utilizzando i verbi già incontrati nell'att. 20.

25 | Dal diario di Giuliana. Completate.

Obiettivo Esercitare le forme del passato prossimo per iscritto.

Procedimento A coppie. Chiedete di coniugare i verbi tra parentesi al passato prossimo. Fate infine leggere il testo in plenum.

Soluzione *abbiamo fatto, ho dormito e ho mangiato, siamo arrivati, abbiamo cercato, abbiamo avuto, abbiamo giocato, siamo state, abbiamo mangiato, siamo rimasti, è stata*

26 | Raccontate di un'escursione.

Obiettivo Esercitare la competenza comunicativa orale. Funzione comunicativa: "raccontare un'escursione".

Procedimento Fate leggere le diverse attività che si possono svolgere durante una gita. Alla lavagna aggiungetene altre che vi suggeriranno i vostri studenti. È naturalmente permessa anche la loro lingua di partenza. Quando il tema vi sembra esaurito, dite loro di pensare a un'escursione ipotetica che hanno fatto insieme e di raccontare in plenum descrivendone i diversi momenti della giornata. Le espressioni temporali presenti nella cornice in alto a sinistra potrebbero essere utili e le potreste presentare prima che gli studenti inizino il loro racconto.

27 | E ora in movimento!

Obiettivo Esercitare la competenza comunicativa orale. Funzione comunicativa: "parlare al passato delle proprie vacanze".

Procedimento Invitate i vostri studenti a girare per l'aula finché non direte "stop!". A quel punto ciascuno studente formerà una coppia con il corsista a lui più vicino. Ogni coppia dovrà farsi a vicenda delle domande sulle proprie vacanze così come nell'esempio presente nei fumetti.

Pronuncia

28 | Ascoltate con attenzione e indicate l'intonazione di ogni frase.

Obiettivo Riconoscere l'intonazione delle domande e delle frasi affermative.

Procedimento Dite ai vostri studenti di ascoltare le due frasi e di indicare per ognuna la curva corrispondente. Che cosa trovano di differente nella pronuncia di una domanda e di una frase affermativa?

Soluzione
1. *frase affermativa → il tono rimane uguale*
2. *domanda → il tono sale*

29 | Domanda o affermazione? Ascoltate le frasi e aggiungete il punto o il punto interrogativo.

Obiettivo Fissare l'intonazione delle domande e delle frasi affermative.

Procedimento Dite ai vostri studenti di ascoltare le 8 frasi, di decidere in base alla melodia dell'enunciato se si tratta di una domanda o di un'affermazione e quindi di aggiungere alla fine un punto interrogativo (?) o un punto (.).

Soluzione
1. *Sono andati in Umbria quest'estate?*
2. *Non abbiamo comprato i biglietti.*
3. *Hanno passato le vacanze al mare?*
4. *Conosce bene la regione.*
5. *Non puoi prenotare l'albergo domani.*
6. *Hanno trovato un volo economico?*
7. *Giuliana ama la montagna?*
8. *Prendono sempre il treno delle 9.12?*

Giro d'Italia

Nel Trentino-Alto Adige con Lorenza

La regione protagonista del quinto Giro è il Trentino-Alto Adige, presentata da Lorenza, una delle autrici. Questo Giro si basa sulla scoperta delle bellezze naturali uniche al mondo e sulla storia culturale molto particolare e variegata. Come sempre è previsto un confronto interculturale con il paese di appartenenza dei corsisti.

1 Nella regione ci sono tre lingue ufficiali. E nel vostro Paese?

Procedimento Chiedete ai vostri studenti se hanno già sentito parlare il *ladino* e se sono a conoscenza di lingue minoritarie parlate sul territorio del loro paese di appartenenza.

> Il *ladino* è una lingua neolatina parlata nella cosiddetta isola linguistica ladino-dolomitica. Il ladino è una delle 21 lingue di minoranza presenti sul territorio italiano. Una lingua minoritaria è un idioma diverso da quello nazionale e/o ufficiale.

2 E voi conoscete le Dolomiti?

Procedimento Chiedete ai vostri corsisti se sono già stati in questi luoghi e che cosa hanno visitato.

3 In Italia i siti UNESCO sono 44. Ne conoscete alcuni? E nel vostro Paese?

Procedimento Chiedete ai vostri studenti se conoscono o hanno visitato alcune delle bellezze italiane appartenenti alla lista dei siti UNESCO. Ci sono siti UNESCO anche nel loro paese di appartenenza?

L'Italia è al primo posto per numero di siti UNESCO. Dite ai vostri corsisti che se desiderano possono visitare il sito dell'*Associazione Città* e *Siti Italiani Patrimonio Mondiale UNESCO* che oltre a documentare le proprie attività, propone un interessante viaggio virtuale attraverso i luoghi italiani Patrimonio dell'Umanità.
Per i siti internet rimandiamo a www.klett.de/conpiacere.

4 Solo una parte del Lago di Garda si trova in Trentino, il resto è in altre due regioni.

Procedimento Invitate i vostri studenti ad osservare la cartina presente all'interno della copertina e a individuare le due regioni che insieme al Trentino confinano con il Lago di Garda.

Soluzione *Lombardia e Veneto*

Le ciaspole sono delle racchette da neve (foto in alto a destra) e sono uno strumento che consente di spostarsi a piedi sulla neve fresca poiché aumenta la superficie calpestata e quindi anche il „galleggiamento". Si indossano direttamente e con facilità sulle scarpe e permettono di muoversi sul manto nevoso senza sprofondare e senza scivolare. Inizialmente erano fatte di corda intrecciata e legno, oggi sono per lo più di plastica o di materiale simile.

5 Per quali strumenti cercano il legno i liutai?

Procedimento Chiedete ai vostri corsisti se conoscono il nome degli strumenti in questione.

Soluzione *violini, violoncelli, viole, contrabbassi, chitarre, bassi, mandolini ecc.*

Per comunicare

30 | Scegliete le frasi importanti per voi.

Obiettivo Ampliare il proprio vocabolario con le frasi ritenute importanti.

Procedimento Al termine dell'unità chiedete ai vostri studenti di raccogliere per ogni punto indicato le frasi o domande che potrebbero essere loro utili durante una conversazione e di tralasciare quelle per loro superflue.

Per il dossier

31 | Una cartolina dalle vacanze

Obiettivo Esercitare l'abilità di scrittura.
Funzione: "scrivere una cartolina".

Procedimento Invitate i vostri corsisti a leggere la cartolina e a pensare alle loro ultime vacanze o a un viaggio che hanno fatto. Chiedete quindi loro di scrivere a parenti o amici una cartolina in cui raccontano del loro soggiorno, di ciò che stanno visitando e che hanno ancora intenzione di intraprendere. Fate inserire la cartolina nel loro dossier.

Ricapitoliamo!

Obiettivo Ripetere in modo ludico quanto affrontato nell'unità 5 a livello grammaticale, lessicale e di funzioni comunicative.

Materiale necessario Un set di carte per gruppo. Le carte le potete ricavare dalla fotocopia di pag. 83 di questa guida.

Procedimento A coppie o a gruppi (a seconda della grandezza del gruppo complessivo) chiedete agli studenti di ricostruire la storia della vacanza sfortunata di Marcello e Francesca secondo la loro fantasia e di riportarla per iscritto. Gli studenti possono naturalmente inventarsi delle informazioni su Marcello e Francesca (dove abitano, che lavoro fanno ecc.) così ripassano anche quanto affrontato fino ad ora. In plenum potrete leggere le storie e votare quella più originale!

6 Buona giornata!

Temi	▪ situazioni quotidiane ▪ trasporti ▪ indicazioni stradali
Lessico	▪ oggetti di uso quotidiano ▪ mezzi di trasporto ▪ servizi e negozi
Obiettivi	▪ fare domande su oggetti di uso quotidiano e rispondere ▪ parlare di azioni quotidiane ▪ parlare di mezzi di trasporto ▪ chiedere e dare informazioni stradali
Grammatica	▪ la doppia negazione ▪ *eccolo/a, eccoli/e* ▪ verbi riflessivi al presente ▪ i verbi irregolari *sapere* e *venire* ▪ indicazioni di luogo con *esserci* ▪ preposizioni di luogo (*davanti, di fronte, accanto, vicino*)
Pronuncia	▪ collegamento delle parole all'interno della frase

1 | Guardate le foto. Secondo voi in quali momenti della giornata siamo? Di mattina, di pomeriggio o di sera?

Obiettivo Introdurre al tema della vita quotidiana e attivare le preconoscenze degli studenti.

Procedimento Invitate i vostri studenti ad osservare le tre foto grandi e chiedete loro di rispondere alla domanda della consegna.

2 | Conoscete questi oggetti?

Obiettivo Introdurre lessico nuovo e attivare le preconoscenze degli studenti.

Procedimento

a Chiedete ai vostri corsisti di abbinare ad ogni immagine (o parte dell'immagine) la parola corrispondente.

b Dividete i corsisti in coppie e chiedete loro se riconoscono anche gli altri oggetti rappresentati. Verificate in plenum.

Soluzione

b *l'asciugamano, il libro, il cellulare, il giornale, la tazzina di caffè e il cucchiaino*

→ **Attività supplementare** Scrivete alla lavagna in una tabella a tre colonne le parole *mattina, pomeriggio* e *sera* e chiedete ai vostri corsisti di dettarvi il maggior numero di oggetti che loro collegano concettualmente a queste tre categorie temporali cercando, se possibile, di dare una motivazione.

Momenti di vita quotidiana

3 | Ascoltate i dialoghi e rispondete.

Obiettivo Esercitare la comprensione auditiva globale.

Procedimento Fate ascoltare una prima volta a libro chiuso chiedendo ai vostri studenti di concentrarsi sulle domande.

Soluzione *Piero è nervoso perché è tardi, deve portare i figli a scuola e non trova gli occhiali e le chiavi; Elisabetta deve partire per andare a fare un esame.*

4 | Riascoltate e completate.

Obiettivo Esercitare la comprensione auditiva dettagliata.

Procedimento Fate ascoltare le registrazioni ancora una volta a libro aperto chiedendo ai vostri corsisti di completare i dialoghi con le parole mancanti. Se necessario, fate ascoltare i due dialoghi più volte in modo da permettere il loro intero completamento.

Soluzione *occhiali (2x), chiavi, biglietto, portafoglio, portatile*

5 | Cercate anche voi spesso qualcosa che non trovate?

Obiettivo Esercitare la competenza comunicativa orale.

Procedimento Formate dei gruppi e lasciate che gli studenti raccontino liberamente che cosa normalmente non trovano a casa. Alla fine potete riportare in plenum i risultati ed eventualmente stilare una classifica delle cose più "cercate".

6 | Osservate le frasi.

Obiettivo Analisi linguistica: la doppia negazione.

Procedimento Dite agli studenti di leggere le due frasi e di provare a tradurle nella loro lingua di partenza. Fategli spiegare che cosa notano.
In questo caso si tratta della doppia negazione che in italiano è d'obbligo per dare un senso alla frase.

7 | Quali sono le vostre abitudini?

Obiettivo Esercitare l'abilità di scrittura e fissare la doppia negazione.

Procedimento A coppie. Prima di iniziare l'attività chiarite gli eventuali dubbi lessicali sulle parole elencate.
Fate notare che *di mattina*, *di pomeriggio*, *di sera* significano "morgens", "nachmittags", "abends". Ogni studente dovrà scrivere 5 frasi secondo l'esempio e quindi confrontarle con quelle del compagno. Chiedetegli di scoprire quali abitudini hanno in comune e quali no. Se volete potete riportare in plenum i risultati.

8 | Rileggete i dialoghi e completate.

Obiettivo Analisi linguistica: l'uso di *eccolo/-a* e *eccoli/-e*.

Procedimento Fate rileggere i dialoghi dell'att. 4 e invitate a completare lo specchietto con le parole mancanti. Portate poi l'attenzione sul significato delle espressioni e dei pronomi finali.

Soluzione *eccoli, eccole, eccolo*

9 | Hai tu le chiavi?

Obiettivo Fissare il lessico riguardante il tema della vita quotidiana e l'uso delle espressioni *eccolo/-a* e *eccoli/-e*.

Procedimento Formate dei gruppi di 5–6 persone. Ogni persona del gruppo mette un oggetto sul banco (devono essere tutti oggetti diversi). I nomi degli oggetti vengono pronunciati in ogni gruppo ad alta voce.
A questo punto ognuno s'impossessa velocemente di una delle cose e la nasconde nella mano. Adesso uno per volta gli studenti chiedono al proprio vicino se ha uno degli oggetti che erano sul tavolo. L'esempio è d'aiuto per capire l'attività e quindi vi consigliamo di leggerlo nel momento in cui tutti hanno nascosto il loro oggetto misterioso.

Abitudini diverse

10 | Blog italiani: leggete e abbinate un titolo ad ogni testo.

Obiettivo Esercitare la comprensione scritta globale.

Procedimento In questa prima fase di lavoro fate leggere i tre testi e chiedete ai vostri studenti di abbinare ad ogni testo il titolo corrispondente. Controllate in plenum e chiarite eventuali dubbi lessicali.

Soluzione
pigrone '75: *B* Ariane '81: *C* Lucina '78: *A*

11 | Che cosa è importante per voi la mattina, fare colazione o dormire più a lungo?

Obiettivo Esercitare la competenza comunicativa orale e la comprensione dettagliata della lingua scritta (testo *Lucina '78*).

Procedimento Fate lavorare gli studenti a coppie. Invitateli a discutere sulle loro abitudini facendo anche riferimento ai tre blog appena letti. Devono rispondere alle seguenti domande: *Che cosa è importante per voi la mattina? Quando siete in vacanza, cambiano i vostri ritmi di vita oppure no? Trovate nell'ultimo blog una frase che corrisponde alle vostre abitudini?*
Fate notare la coniugazione del verbo *alzarsi* nello specchietto a destra che potrebbe essere loro utile per parlare delle proprie abitudini.

12 | Rileggete i testi.

Obiettivo Raccogliere le espressioni lessicali per parlare di attività quotidiane e presentare i verbi riflessivi.

Procedimento
a Chiedete ai vostri corsisti di sottolineare nei testi dell'att. 10 i verbi e le espressioni che descrivono delle attività quotidiane.
b Chiedete di individuare tra i verbi sottolineati quelli che secondo loro sono riflessivi e che cioè hanno una forma simile ad *alzarsi*.

Soluzione
a *fare colazione, mi sveglio, mi lavo, mi vesto, corro al lavoro; mi occupo delle faccende di casa, faccio la spesa; vado al lavoro, mangio un gelato, mi diverto, guardo un film, mi rilasso*
b *mi sveglio, mi lavo, mi vesto, mi occupo, mi diverto, mi rilasso*

13 | Chi fa queste cose? Intervistate due compagni.

Obiettivo Esercitare la competenza comunicativa orale e i verbi riflessivi.

Procedimento Formate dei gruppi di 3 persone. I componenti di ogni gruppo si devono intervistare a vicenda sulle proprie abitudini, come mostrato nell'esempio. Prima di iniziare controllate che tutte le attività elencate siano conosciute.

14 | E ora a voi! Che cosa rende bella una giornata normale?

Obiettivo Esercitare la competenza comunicativa scritta e orale.

Procedimento Chiedete ai vostri studenti di scrivere tre frasi su cosa può rendere bella una giornata normale. Formate delle coppie. Ogni coppia dovrà mettersi d'accordo su due cose che per entrambi rendono bella una giornata. La coppia dovrà quindi cercarne un'altra per potersi mettere d'accordo su tre cose.

Come andate al lavoro?

15 | Che mezzi di trasporto usate per andare al lavoro?

Obiettivo Esercitare la competenza comunicativa orale e presentare il verbo *andare*.

Procedimento Dividete gli studenti in gruppi. Prima di iniziare la conversazione fate abbinare ad ogni immagine la parola corrispondente. Fate inoltre notare le espressioni con *vado … in + mezzo di trasporto* (con l'eccezione di *a piedi*) e le motivazioni. Spiegate che nella prima riga delle motivazioni devono sempre dire *è* davanti all'aggettivo scelto (p. es. *perché è economico*). La seconda riga è già completa mentre la terza presenta dei verbi che vogliono sempre il verbo modale *potere*, in questo caso alla prima persona (p. es. *perché posso studiare*). Invitate i gruppi a scambiarsi informazioni sui mezzi di trasporto che usano per andare al lavoro e a fare la spesa.
Dopo quest'attività chiedete agli studenti di completare la cornice a destra sul significato di *andare*.

Soluzione *gehen*

16 | Come venite al corso?

Obiettivo Esercitare la competenza comunicativa orale e presentare il verbo *venire* e la differenza con il verbo *andare*.

Procedimento Fate prima leggere il fumetto e chiedete ai corsisti di individuare la differenza di significato tra *andare* e *venire*. Riescono a dedurla guardando esclusivamente il fumetto? Attirate quindi la loro attenzione sulla prima cornice a destra dove compare la spiegazione nella loro lingua di partenza.
Infine fate notare la coniugazione irregolare del verbo *venire* (seconda cornice a destra) e dite agli studenti di lavorare a coppie chiedendosi a vicenda: *tu come vieni al corso?* La risposta la possono dedurre dall'att. 15 utilizzando *vengo* invece di *vado* (p. es. *vengo al corso in autobus*).

Orientarsi in città

17 | Quale città è? Leggete la descrizione e fate delle ipotesi.

Obiettivo Esercitare la comprensione scritta globale.

Procedimento Fate leggere il breve testo e chiedete loro di provare a indovinare di quale città si tratta. Fate inoltre notare l'uso di *c'è / ci sono* (cornice a sinistra del testo). (La foto a destra fa riferimento alla Cattedrale di Palermo.)

Soluzione *Palermo*

18 | E ora a voi. Scrivete tre o quattro frasi su una città.

Obiettivo Esercitare l'abilità di scrittura.
Funzione: "descrivere una città".

Procedimento Chiedete ai vostri corsisti di scrivere 3 o 4 frasi su una città a loro scelta dopodiché formate due gruppi (o due squadre). Ogni corsista a turno leggerà la descrizione agli altri membri del gruppo che dovranno indovinare la città descritta.

19 | Dov'è l'ufficio informazioni? Ascoltate.

Obiettivo Esercitare la comprensione auditiva selettiva e dettagliata.

Procedimento

a Invitate ad ascoltare una prima volta il dialogo a libro chiuso, cercando di capire dove si trova l'ufficio informazioni. Se necessario, potete far ascoltare la registrazione più volte. Fate segnare la risposta corretta e verificate in plenum.

b Fate riascoltare chiedendo di segnare l'ordine esatto delle informazioni ascoltate.

Soluzione

a *in piazza Giulio Cesare*

b *1. arriva ai Quattro Canti, 2. prende via Maqueda, a sinistra, 3. continua sempre dritto fino all'incrocio, 4. all'incrocio gira a sinistra*

20 | Riascoltate e segnate il percorso sulla cartina.

Obiettivo Esercitare la comprensione auditiva dettagliata.

Procedimento Prima di tutto fate notare le indicazioni stradali che si trovano sul bordo sinistro della pagina. Per gli studenti non dovrebbe essere difficile comprenderle grazie alle rappresentazioni grafiche. Invitate quindi gli studenti a riascoltare ancora una volta il dialogo e a segnare il percorso sulla cartina. Verificate in plenum.

Soluzione:

21 | Ci vediamo al mercato! Indicate la strada a un amico.

Obiettivo Esercitare la competenza comunicativa orale. Funzione comunicativa: "dare delle indicazioni stradali per telefono".

Procedimento Formate delle coppie e dite loro che saranno due amici (A e B) che si danno appuntamento al mercato ma che si trovano esattamente in due mercati diversi. A si trova al *Mercato La Vucciria* (v. foto a destra) mentre B al *Mercato di Ballarò*. A deve quindi raggiungere B. Dite all'amico B di fornire per telefono le informazioni necessarie aiutandosi con la cartina a pag. 70.

22 | Ascoltate e guardate la cartina all'attività 20.

Obiettivo Esercitare la comprensione auditiva dettagliata.

Procedimento Fate ascoltare la registrazione a libro chiuso. Con l'aiuto della cartina dell'att. 20, invitate gli studenti a cercare di individuare dove si trovano le persone che parlano e dove vogliono andare coloro che chiedono informazioni. Verificate in plenum (senza leggere il testo!).

23 | Riascoltate e completate.

Obiettivo Esercitare la comprensione auditiva dettagliata.

Procedimento Questa volta fate contemporaneamente ascoltare e leggere la conversazione chiedendo di completare la trascrizione con le espressioni mancanti. (La foto a destra dell'att. rappresenta l'entrata dell'Orto Botanico.)

Soluzione *a piedi, sempre dritto, a sinistra, dritto*

> I *Pupi Siciliani* dei Fratelli Pasqualino (si veda la foto a sinistra) vengono rappresentati nei teatri di tutto il mondo. I Pupi (dal latino *pupus* che significa "bambinello") sono le caratteristiche marionette armate di quel teatro epico popolare che, venuto probabilmente dalla Spagna di Don Chisciotte, operò a Napoli e a Roma, ma sopratutto, dalla prima metà dell'Ottocento, in Sicilia, dove avrebbe raggiunto il suo massimo sviluppo.
> Per il sito internet rimandiamo a www.klett.de/conpiacere.

24 | Leggete le seguenti frasi e scrivete nelle righe le indicazioni del dialogo.

Obiettivo Raccogliere le espressioni per chiedere informazioni stradali e rispondere. Presentare il verbo irregolare *sapere*.

Procedimento Leggete in plenum le diverse espressioni utilizzate per chiedere e dare informazioni stradali. Fate notare la coniugazione irregolare del verbo *sapere* usato nella prima domanda e nella seconda risposta. Invitate quindi i vostri studenti a cercare nel dialogo dell'att. 23 la risposta all'ultima richiesta d'informazioni.

Soluzione ... *Lincoln e andate sempre dritto, passate davanti all'Orto Botanico e a Villa Giulia; di fronte all'entrata di Villa Giulia girate a sinistra in via Cervello e continuate dritto verso il porto, fino all'inizio di via Butera.*

25 | Avete un ospite italiano a casa vostra.

Obiettivo Esercitare la competenza comunicativa orale. Funzione comunicativa: "dare indicazioni stradali".

Procedimento Formate delle coppie. Ognuno sarà rispettivamente la persona ospitante e l'ospite. La persona ospitante per motivi di lavoro non potrà accompagnare l'ospite italiano in giro per la propria città e quindi gli / le dovrà spiegare come raggiungere le attrazioni (un museo, una chiesa, un castello, un parco ecc.) che deve assolutamente visitare. Gli studenti possono iniziare la descrizione come mostrato nell'esempio.

26 | Scusi, dov'è la stazione centrale? Fate le domande e rispondete.

Obiettivo Esercitare la competenza comunicativa orale. Ampliare la funzione comunicativa "dare indicazioni stradali" e fissare le preposizioni di luogo.

Procedimento Dividete i corsisti in coppie. Fate notare le preposizioni di luogo nella cornice sottostante che potranno essere utili per lo svolgimento dell'attività. Ciascuno sceglierà un colore (viola o verde). Ad ogni colore corrispondono quattro luoghi che lo studente dovrà attribuire ad altrettanti edifici presenti sulla cartina numerandoli (il compagno non deve vedere quali!). Invitate adesso gli studenti a chiedere informazioni su come raggiungere i luoghi del compagno. Se arrivano al luogo prescelto, le informazioni sono state date in modo corretto.

27 | E ora in movimento! Cambiate posto secondo le indicazioni.

Obiettivo Esercitare la competenza comunicativa orale.

Procedimento Dite ai vostri studenti di mettere le loro sedie in ordine sparso. Eliminate una sedia in modo che uno studente non si possa sedere. Scrivete alla lavagna le indicazioni che serviranno agli studenti per lo svolgimento dell'attività: p. es. *Martina, tu vai / ti metti accanto a / di fronte a / a destra di Jan.* Dite agli studenti di sedersi velocemente. Lo studente che rimane senza sedia comunica ad un compagno dove deve sedersi e occupa il suo posto diventato adesso vuoto. Colui che adesso si trova in piedi continua il gioco.
Se gli studenti dovessero essere seduti intorno a un grande tavolo e ci fosse mancanza di spazio, lasciate le sedie dove sono e toglietene una.

Pronuncia

28 | Ascoltate le frasi e ripetete.

Obiettivo Esercitare il collegamento delle parole all'interno della frase.

Procedimento Fate ascoltare la registrazione e attirate l'attenzione sul collegamento delle parole all'interno delle frasi. Fate ripetere in plenum.

Giro d'Italia

In Sicilia con Fulvia
La regione protagonista di questo Giro è la Sicilia raccontata da Fulvia, una delle autrici. Qui si parla delle bellezze di questa regione dalla storia culturale molto antica e variegata. Come sempre è previsto un confronto interculturale con il paese di appartenenza dei corsisti.

1 Che forma ha la Sicilia?

Procedimento Nel testo viene detto quale forma ha la Sicilia. Chiedete ai vostri studenti di trovare la soluzione.

Soluzione *Ha una forma a triangolo.*

La Trinacria, simbolo della Sicilia, è composta dalla testa della Gorgone, i cui capelli sono serpenti intrecciati con spighe di grano, dalla quale escono tre gambe piegate all'altezza del ginocchio. Le tre gambe rappresentano i tre punti estremi dell'isola: Capo Peloro (o punta del Faro, Messina), Capo Passero (Siracusa), Capo Lilibeo (o Capo Boeo, Marsala).

2 Anche nel vostro paese ci sono tracce di culture e popoli diversi dal vostro?

Procedimento A questo punto richiedete una riflessione interculturale. Ci sono anche nel paese di appartenenza dei vostri corsisti delle tracce di culture e popoli diversi? Se sì quali e dove? Discutetene in plenum.

3 Come sono i mercati della vostra città o regione, ci sono voci o rumori tipici?

Procedimento Anche in questa attività si tratta di una riflessione interculturale. Domandate se nel paese di origine dei corsisti sono presenti dei mercati e quali sono le loro caratteristiche. Ci sono colori, rumori, odori come in quelli siciliani?

4 E da voi, ci sono mercati dove è possibile assaggiare specialità del luogo?

Procedimento Sempre in plenum chiedete ai vostri corsisti se nei quartieri della loro città o nei suoi dintorni ci sono mercati in cui si possono assaggiare prodotti tipici della regione. Se sì, quali? E dove? Che cosa hanno assaggiato di particolare?

5 E voi, quali erbe e spezie usate in cucina?

Procedimento Nel testo si parla della cucina tipicamente speziata della Sicilia. Quali spezie usano normalmente i vostri corsisti nella loro cucina? Parlatene in plenum.

→ **Attività supplementare** I vostri corsisti sono già stati in un mercato italiano? Se sì, dove? Cosa è piaciuto loro? Potete anche scrivere alla lavagna la parola *mercato* e chiedere ai vostri studenti di dirvi tutte le cose che gli vengono in mente a proposito.

Per comunicare

29 | Disegnate e ricordate.

Obiettivo Disegnare per memorizzare.

Procedimento Chiedete ai vostri studenti di identificare delle parole e delle espressioni per loro importanti. Invitateli quindi a rappresentare graficamente quanto scelto. Disegnare ciò che si deve imparare aiuta il processo di memorizzazione!

Per il dossier

30 | Un amico italiano viene a trovarvi.

Obiettivo Esercitare l'abilità di scrittura.
Funzione: "scrivere un'e-mail con delle indicazioni per raggiungere un luogo".

Procedimento Invitate i vostri corsisti ad immaginare che un loro amico italiano arriva domani alle 18.00 alla stazione ferroviaria del loro luogo di residenza. Ciascuno di loro ha però un impegno e non può andare a prenderlo. Gli studenti devono perciò fissare un appuntamento in un bar o in un locale di loro conoscenza non troppo lontano dalla stazione. Invitateli quindi a scrivere un'e-mail con le indicazioni per andare dalla stazione al locale da loro scelto. L'esempio a destra sarà loro d'aiuto come punto di partenza. Fate inserire l'e-mail nel loro dossier.

Ricapitoliamo!

Obiettivo Ripetere in modo ludico quanto affrontato nella sesta unità a livello grammaticale, lessicale e di funzioni comunicative.

Materiale necessario Un piano di gioco fotocopiabile a pag. 84 di questa guida.

Procedimento A coppie. Uno dei due studenti pensa ad una parola italiana già incontrata nelle unità precedenti e scrive le vocali della parola sulla riga in fondo alla cartina. Per ogni consonante invece mette un trattino. Potete presentare come esempio la parola "camera" (*– A – E – A*). In base alle indicazioni stradali che lo studente darà, l'altro corsista dovrà trovare sulla cartina le consonanti presenti nel vocabolo prescelto. Per le vocali invece, tornerà al punto di partenza in fondo alla cartina. Esempio: "Vai diritto fino alla prima a sinistra, ritorni alle vocali, riprendi la strada, continui diritto fino a piazza Verdi, ritorni alle vocali, riprendi la strada, continui dritto e passi il ponte dopodiché prendi la seconda a sinistra e continui dritto, ritorni alle vocali." (*C – M – R –*). Dopo aver raggiunto ogni traguardo indicato il compagno inserirà la consonante al posto giusto e alla fine potrà leggere la parola misteriosa.

Intermezzo 2

Per imparare meglio

Le attività 1a e 2a sono esercizi di anticipazione che forniscono la consapevolezza situazionale (rumori tipici di una determinata situazione nel primo caso, intonazione nel secondo caso) e permettono di focalizzare l'attenzione su ciò che si ascolterà.

1 | Capire con l'aiuto di strategie

Obiettivo Imparare ad anticipare i contenuti di un ascolto.

Procedimento
a Fate ascoltare la registrazione e invitate i vostri studenti a riconoscere la situazione grazie all'aiuto di rumori e a formulare delle ipotesi sulle situazioni, gli interlocutori ecc. Chiedetegli di rispondere alle domande.
b Fate ascoltare il dialogo e chiedete di rispondere alle domande.
c Chiedete poi di riflettere in coppia su quali elementi sono stati di aiuto per la comprensione: l'accento, le parole chiave, i rumori di sottofondo o le preconoscenze sulla situazione.

Soluzione
a *Siamo all'aereoporto.*
b *Parlano tre persone, due passeggeri e un'impiegata; sono in aeroporto allo sportello del check-in; parlano delle formalità di imbarco (bagaglio, posto, documenti).*

2 | Ascoltare e capire

Obiettivo Imparare ad anticipare i contenuti di un ascolto.

Procedimento In questo secondo dialogo si lavora in modo anticipatorio grazie all'aiuto dei rumori e del tono di voce diverso dei due. La cartina servirà durante il secondo ascolto per guidare la comprensione dettagliata. Focalizzare l'attenzione solo su alcuni aspetti permette di fissare meglio l'attenzione, evitando sensazioni di frustrazione, frequenti soprattutto con ascolti troppo complessi.
a Fate ascoltare una prima volta la registrazione e invitate i vostri studenti a capire che cosa è successo a Giovanni.
b Dopo un secondo ascolto, chiedete ai corsisti di completare a coppie le informazioni in base alla cartina e a quanto ascoltato.
c Chiedete agli studenti che cosa li ha aiutati a rispondere alle domande. Fate discutere in coppia e poi riportate le riflessioni in plenum.

Soluzione
a *Giovanni si è perso.*
b Punto di partenza: *stazione Metro Cornelia Linea A*
Punto di arrivo: *Piazza Pio XI*
Mezzi di trasporto: *metro, autobus, a piedi*

3 | Come avete ascoltato i dialoghi? Riflettete.

Obiettivo Riflettere sulle metodologie d'ascolto.

Procedimento Fate riflettere i vostri studenti sui due ascolti: su che cosa hanno focalizzato la loro concentrazione? Come descriverebbero i diversi modi di ascolto?

4 | Leggere e capire

Obiettivo Anticipare i contenuti di un testo e quindi leggerlo.

Procedimento
a Chiedete ai vostri studenti di fare delle ipotesi sul tipo di testo e di dire come sono arrivati a tali conclusioni. Dite di guardare (e non leggere) il volantino presente sul lato destro della pagina. Lavorate prima su questo livello d'induzione e poi passate alla lettura, come verifica di quanto supposto. Anche in questo caso si tratta di un'attività d'anticipazione in ambito testuale, in cui si vuole indurre il significato del testo prima della lettura stessa mediante il ricorso a informazioni testuali (paratesto ecc.), che aiutano e guidano la comprensione. La lettura è quindi solo una verifica.
b Invitate ora gli studenti a leggere il volantino dopodiché chiedete loro se fare delle ipotesi prima della lettura è stato loro di aiuto a livello della comprensione e se sì, perché. Discutetene in classe.
c Invitate i vostri corsisti a sottolineare le parole che conoscono. Chiedetegli se ci sono anche parole che non capiscono e come intendono procedere con questi vocaboli nuovi. Dite loro di segnare con una crocetta le loro tecniche o di indicarne altre. Verificate in plenum.

> Aspetto importante per la comprensione scritta sono i vocaboli nuovi. Per capirli lo studente deve sfruttare le associazioni con parole internazionali o parole simili nella propria lingua o in altre lingue straniere studiate, oppure deve ricavare il loro significato dal contesto.

Sbagliando s'impara

5 | Scopriamo gli errori!

Obiettivo Individuare gli errori in un'e-mail.

Procedimento

a Formate dei gruppi e date un tempo limite per risolvere il compito. Nel testo ci sono 10 errori. Per ogni errore trovato assegnate un punto. Se riescono a correggere l'errore assegnatene un altro. Si possono raggiungere un massimo di 20 punti. Controllate i risultati in plenum e calcolate i punti raggiunti da ogni gruppo.

b Chiedete ai corsisti di che tipo di errori si tratta nella mail. Invitate i vostri studenti a distinguerli per categorie: *di lessico*, *di grammatica* o *d'uso*. Discutete in plenum sul tipo d'errore che causa maggiormente incomprensioni.

Soluzione *non ~~è~~* ***ho*** *avuto tempo (grammatica); sono ~~contento~~* ***contenta*** *(grammatica); qui ~~in~~* ***a*** *Torino (grammatica); i treni ~~funziona~~* ***funzionano*** *(grammatica); ~~ieri~~* ***domani*** *mattina ti aspetto (lessico); ~~allo~~* ***alla*** *stazione (grammatica); se ~~si~~* ***mi*** *alzo (grammatica); non ~~ce~~* ***c'è*** *problema (lessico); ~~Pronto!~~* ***Ciao!*** *A presto. (lessico); Distinti ~~saluti~~* ***baci / un bacio / un abbraccio*** *(uso)*

→ **Proposte per gli errori di verbi** Il passato prossimo si potrebbe riprendere con esercizi mirati alla scelta dell'ausiliare e alla concordanza del participio passato. In generale tutte le forme verbali si possono ripassare per mezzo di giochi con i dadi.

→ **Proposte per gli errori di preposizioni** Potete riprendere quelle di luogo con esercizi che distinguono l'uso di *a* e *in*. Vista l'abbondanza di errori con le preposizioni articolate (che dipende dall'articolo) sarebbe utile un ripasso delle loro forme.

→ **Proposte per gli errori di lessico e d'uso** Sono fondamentali perché bloccano la comunicazione e creano incomprensioni e/o irritazione. In questo caso consigliate un uso corretto del dizionario (magari impiegate un quarto d'ora di lezione per spiegare come si consulta correttamente, non ve ne pentirete!) o della propria lista di vocaboli.

→ **Proposte per gli errori di ortografia e concordanza** Questi errori non sono così importanti dal punto di vista comunicativo, vanno tuttavia evidenziati e corretti, anche se in un secondo momento.

Una lingua, una cultura

6 | Come vi comportate in questi casi?

Obiettivo Riflettere sugli aspetti socioculturali e pragmatici.

Procedimento Chiedete ai vostri studenti di immedesimarsi nelle diverse situazioni e di scegliere il comportamento secondo loro corretto. Verificate in plenum. Spiegate il perché con i riferimenti socioculturali indicati nelle soluzioni.

Soluzione

1. Continuate ad aspettare. A Roma però c'è sempre traffico e poi Giorgio non è molto puntuale.

Normalmente in queste situazioni si tende ad aspettare più del solito in quanto la puntualità in alcune zone d'Italia non è possibile a causa dell'intenso traffico urbano. In ogni caso, qualunque sia la regione in cui ci troviamo, far aspettare molto qualcuno è recepito come scortese.

2. Sì, ciao.

In realtà l'uso di "ci vediamo" non sottintende un futuro appuntamento ma è soltanto una formula cortese per chiudere una conversazione. Per questo motivo l'altra persona risponde solo "Sì, ciao." senza fare riferimento al prossimo incontro.

3. Grazie, ma purtroppo ho un altro appuntamento e davvero non posso.

La cortesia e le formule di cortesia variano molto da una cultura all'altra e vanno trattate sempre in modo sistematico proprio perché molto complesse e differenti da lingua a lingua (o cultura), anche se vicine. In Italiano quando si rifiuta un invito normalmente si danno motivi o giustificazioni o forme di attenuazione, per evitare la scortesia. Ovviamente le formule sono legate alla situazione specifica, oltre che al rapporto tra gli interlocutori, ma ci si scusa quasi sempre dicendo di avere già un altro impegno e non con una giustificazione legata al proprio piacere personale.

7 | Non solo parole!

Obiettivo Completare le frasi e ricavare il significato delle parole.

Procedimento

a In base al contesto, invitate i vostri corsisti a completare i dialoghi con le quattro parole indicate (ogni parola dovrà comparire due volte!).

b Chiedete ai vostri corsisti di abbinare ad ogni parola la spiegazione del suo significato e del suo impiego. Chiedete agli studenti se conoscono parole simili nella loro lingua.

Soluzione

a *1. veramente, 2. magari, 3. ecco, 4. ecco, 5. accidenti, 6. veramente, 7. accidenti, 8. magari*

b (da sinistra a destra) *veramente, magari, ecco, accidenti*

Giochiamo insieme

8 | Chi sa la risposta?

Obiettivo Ripetere in modo ludico quanto affrontato nelle unità 4, 5 e 6.

Materiale necessario Un mazzo di carte. La classe dovrà creare le proprie carte (max. 16) secondo gli esempi riportati. Un foglio con 16 carte vuote da riempire è reperibili online sul sito www.klett.de/conpiacere.
In alternativa potete ritagliare e distribuire i cartellini già pronti fotocopiabili a pag. 85 di questa guida.

Procedimento Formate due gruppi. Il mazzo di carte viene posizionato con la scritta rivolta verso il basso. Un giocatore gira la prima carta. Se il gruppo avversario risponde in modo corretto alla domanda, riceve la carta. Se non risponde in modo esatto, la carta viene riposta al fondo del mazzo. L'altro gruppo procede rispondendo alla domanda presente sulla seconda carta del mazzo. Ogni volta ci sarà quindi un gruppo che pone la domanda e un altro che risponde, cambiando il turno per ogni nuova carta. Il gioco termina quando gli studenti hanno risposto correttamente a tutte le domande. Vince il gruppo che ha raccolto il maggior numero di carte.

7 Facciamo la spesa?

Temi	■ alimenti ed acquisti ■ quantità e pagamenti ■ abitudini alimentari
Lessico	■ alimenti ■ quantità ■ denominazioni dei vari negozi e luoghi dove fare la spesa
Obiettivi	■ richiedere in un negozio un prodotto ed esprimere la quantità ■ preparare la lista della spesa ■ confrontare abitudini alimentari ■ capire annunci nei negozi e per strada
Grammatica	■ indicazioni di luogo con le preposizioni *a*, *da* e *in* ■ i verbi irregolari *volere* e *dare* ■ i pronomi diretti ■ espressioni di quantità con la preposizione *di* ■ l'articolo partitivo ■ il *ne* nelle indicazioni di quantità
Pronuncia	■ le doppie

1 | Guardate le immagini e leggete i nomi.

Obiettivo Introdurre al tema degli alimenti e attivare le preconoscenze degli studenti.

Procedimento

a Invitate i vostri studenti ad osservare le immagini e le didascalie e chiedete loro di risolvere il compito così come nell'esempio.

b Chiedete adesso agli studenti di cercare con l'aiuto delle immagini tutti i prodotti nascosti nei nomi.

c In plenum discutete quali sono per i corsisti i prodotti tipici della cucina italiana e chiedete se ne conoscono altri. Potete riportare alla lavagna tutti i prodotti nominati.

Soluzione

a *Pompelmo Tell è Guglielmo Tell; Antonno e Cleopasta sono Antonio e Cleopatra; Van Melonen è Ludwig van Beethoven; Agente 00Fette è Agente 007; Banana Butterfly è Madama Butterfly; Aglio e Olio sono Stanlio e Ollio; Re Salamone è Re Salomone; Finocchio è Pinocchio; Melanzana Jones è Indiana Jones; Babà Natale è Babbo Natale; Bufala Bill è Buffalo Bill.*

b *pane, pompelmo, tonno, pasta, melone, fette (biscottate), banana, aglio, olio, salame, finocchio, melanzana, babà, mozzarella di bufala*

Sulla tavola di tutti i giorni

2 | Guardate l'illustrazione.

Obiettivo Introdurre lessico nuovo e attivare le preconoscenze degli studenti.

Procedimento

a Formate dei gruppi e chiedete ai vostri studenti di abbinare ad ogni immagine il numero del nome del prodotto corrispondente. Quando avranno finito, controllate in plenum. Fate notare che la bistecca nel Centro / Sud ha l'osso (come quella mostrata sul libro) al Nord invece è sinonimo di *fettina*.

A questo punto chiedete ai vostri corsisti di leggere le parole in ordine alfabetico. Indicate voi lo studente che inizierà la catena. Al primo errore si ricomincia da capo.

b Per ogni gruppo di alimenti (tranne il gruppo al centro con marmellata e miele) fate scrivere nella ruota la categoria appropriata.

c Fate discutere quali alimenti sono indicati e quali non lo sono per una persona che fa molto sport, per un vegetariano e per una persona che vuole dimagrire. Lasciateli parlare nei gruppi per alcuni minuti e poi verificate in plenum.

Soluzione

a

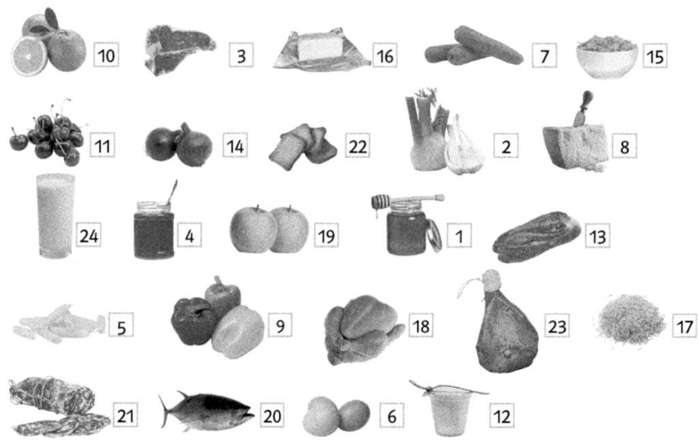

b in ordine orario: *latte e latticini; pane, pasta, cereali; verdura; carne, uova e pesce; frutta; salumi*

c possibile soluzione: *per chi fa molto sport vanno bene: pane, pasta, cereali, frutta, verdura, carne, uova, pesce. / non vanno bene: burro, salame, prosciutto.*

Per un vegetariano vanno bene: pane, pasta, cereali, frutta, verdura, latte e latticini, miele, marmellata. / non vanno bene: carne e pesce.
Per una persona che vuole dimagrire vanno bene: yogurt, verdura, frutta, riso. / non vanno bene: salame, burro, formaggio, pane.

3 | Formate due squadre e classificate i prodotti secondo altre categorie.

Obiettivo Reimpiegare il lessico dei prodotti alimentari.

Procedimento Formate due squadre. Ogni squadra decide le categorie secondo cui vuole classificare gli alimenti (gli esempi saranno d'aiuto). A questo punto ogni squadra dovrà a turno formulare delle domande (di cui hanno già pensato le risposte) alla squadra avversaria, così come nell'esempio.

4 | Quali prodotti avete sempre in casa per la colazione, per il pranzo, per un ospite improvviso?

Obiettivo Esercitare la competenza comunicativa orale. Funzione comunicativa: "parlare delle proprie abitudini".

Procedimento Fate confrontare a coppie riguardo alle abitudini di acquisti alimentari facendo rispondere alle domande presenti nella consegna e nel testo dell'attività. Lasciate alcuni minuti per la discussione. Se volete riportate in plenum i risultati.

Dove fate la spesa?

5 | Che cosa compra la gente in Italia in questi negozi?

Obiettivo Esercitare la competenza comunicativa orale, presentare del lessico nuovo legato ai negozi e reimpiegare il lessico dei prodotti alimentari.

Procedimento Lavoro di coppia. Chiarite eventuali dubbi lessicali riguardo ai nomi dei negozi facendo riferimento alle immagini e fate notare l'uso delle preposizioni (cornice a sinistra).
Invitate quindi gli studenti a rispondere alla domanda della consegna, secondo l'esempio. Chiedete inoltre loro dove fanno la spesa.

Soluzione
in macelleria: *carne, polli, prosciutto (a volte)*
dal fruttivendolo: *frutta e verdura*
al supermercato: *tutti i prodotti alimentari, per la casa e per la cura personale*
dal fornaio: *pane, panini, pasta fresca (a volte)*
al negozio di alimentari: *molti prodotti alimentari ma in misura ridotta rispetto a un supermercato*
in salumeria: *salumi, prosciutto, formaggio, alcuni tipi di pasta, prodotti in scatola, olio, olive, prodotti sott'olio*

> In Italia ogni tipo di negozio può avere più nomi dallo stesso significato e spesso dipende dalla zona d'Italia in cui ci troviamo. Per esempio il *fornaio* equivale al *panettiere* o alla *panetteria*, il *fruttivendolo* è per alcuni il *verduraio* così come la *salumeria* può essere chiamata anche *pizzicheria*. La *gastronomia* è un tipo di negozio dove si vendono diverse specialità alimentari (non solo salumi). Esiste anche la *latteria* che offre il latte e i suoi derivati. Ricordiamo inoltre che il *fornaio* può vendere anche dolci come cornetti, crostate ecc. ma non la pasticceria fine (come p. es. bignè, torte alla crema molto elaborate, pasticcini in generale). Quella si trova in *pasticceria*.

6 | Ascoltate i quattro dialoghi.

Obiettivo Esercitare la comprensione auditiva globale e presentare il verbo irregolare *volere*. Analisi linguistica: i pronomi diretti.

Procedimento
a Fate ascoltare una prima volta i dialoghi chiedendo ai vostri studenti di cercare di capire dove fanno la spesa le persone che parlano.
b Fate riascoltare e contemporaneamente leggere i fumetti. Chiedete agli studenti a cosa si riferiscono i pronomi sottolineati. Fate infine notare la coniugazione irregolare di *volere* presentata nella cornice a sinistra e invitate i corsisti a trovare le forme di questo verbo usate nei fumetti.

Soluzione
a *1. al supermercato, 2. dal fornaio, 3. dal fruttivendolo, 4. al negozio di alimentari*
b *I pronomi sottolineati si riferiscono all'oggetto citato nella domanda e lo sostituiscono.*

7 | Completate la tabella con i pronomi e poi la regola.

Obiettivo Riconoscere i pronomi diretti e formulare la regola.

Procedimento Chiedete ai corsisti di leggere gli esempi dello specchietto verde a sinistra (ogni esempio può iniziare sia con *Vorrei* ..., sia con *Mi dia* ... che potete presentare come due forme di cortesia per richiedere qualcosa) e di completare, anche in base agli esempi dell'att. 6, lo specchietto a destra e quindi la regola nella cornice a fondo pagina.

Soluzione specchietto destro: *la, li, le*
cornice a fondo pagina: *weibliches, männliches, weibliches, Plural*

8 | Organizzate un picnic.

Obiettivo Esercitare la competenza comunicativa orale e i pronomi diretti.

Procedimento Formate 2–4 gruppi di 4–6 studenti ciascuno. Ogni gruppo dovrà preparare una lista con le cose che servono per il loro picnic decidendo chi porta che cosa. Se lavorate in plenum, l'insegnante farà delle domande in base alle liste preparate dai gruppi (*Chi porta il pane? Chi porta l'acqua?* ecc.). Se lavorate in gruppi, il gruppo A riceverà la lista del gruppo B, il gruppo B quella del gruppo C e così via. Ogni gruppo porrà quindi a turno le domande ai partecipanti dell'altro gruppo che dovrà rispondere come nell'esempio.

9 | Preparate la cena. Che cosa c'è? Che cosa bisogna comprare?

Obiettivo Esercitare la competenza comunicativa orale e ampliare il lessico dell'unità.

Procedimento
a A coppie. Invitate gli studenti a leggere il primo fumetto e fate loro notare le indicazioni di quantità con le preposizioni presenti nella cornice a destra. Dite quindi ai corsisti di pensare a ciò che hanno in casa (primo fumetto) e di guardarsi il prospetto con ciò che possono comprare. In base a questi alimenti devono decidere cosa preparare per cena. Possono aiutarsi con gli esempi del secondo fumetto.
b Chiedete agli studenti di mettersi d'accordo su cosa devono comprare per preparare il piatto scelto e in che quantità. Quanto spendono in totale? Ogni coppia, con l'aiuto del prospetto e delle espressioni di quantità, dovrà discutere e poi riferire in plenum.

10 | Decidete insieme il menu di una cena di fine corso.

Obiettivo Esercitare la competenza comunicativa orale. Funzione comunicativa: "decidere un menu in base anche alle abitudini e alle intolleranze alimentari".

Procedimento In base agli esempi forniti, fate discutere in plenum o in gruppi (se gli studenti sono tanti) il possibile menu per una cena di fine corso. I corsisti dovranno informarsi su eventuali abitudini, allergie e intolleranze alimentari degli altri. Ampliate quindi il lessico introducendo termini come *vegetariano*, *vegano*, *avere un'allergia a*, *essere intollerante a* ecc.

Al mercato

11 | Ascoltate il dialogo.

Obiettivo Esercitare la comprensione auditiva dettagliata.

Procedimento Fate ascoltare il dialogo a libro chiuso e chiedete agli studenti di concentrarsi su quello che compra la signora. Fate una prima verifica in plenum.

12 | Riascoltate e scegliete la parola giusta.

Obiettivo Esercitare la comprensione auditiva dettagliata e presentare il verbo irregolare *dare*.

Procedimento Fate ascoltare una seconda volta il dialogo leggendo contemporaneamente la sua trascrizione. Chiedete di segnare ogni volta il prodotto alimentare giusto tra i due forniti. Fate notare la coniugazione irregolare del verbo *dare*.

Soluzione *pesche, pomodori, melanzane, basilico*

13 | Rileggete il dialogo.

Obiettivo Raccogliere le funzioni comunicative per comunicare in un negozio / al mercato.

Procedimento Dite ai corsisti che devono leggere le domande del venditore (nel riquadro di sinistra) e quindi completare le frasi del cliente (nel riquadro di destra) facendo riferimento al dialogo dell'att. 12.
Fate notare gli aggettivi interrogativi *quanto / quanta / quanti / quante* (nella cornice a sinistra) usati per chiedere una quantità e attirate l'attenzione sul pronome *ne* (p. es. *ne prendo due chili*). Attirate anche l'attenzione sulla forma *mi servono* che se usata con un sostantivo singolare diventa *mi serve*.
Infine potete chiedere agli studenti di leggere ad alta voce le battute del venditore e quelle del cliente alternandosi come se fosse un dialogo.

Soluzione *Vorrei, pesche; mi servono, pomodori; Ne prendo; Sì, mi dia; basta così, Quant'è*

14 | E ora a voi! Andate a fare la spesa per i prossimi tre giorni.

Obiettivo Esercitare la competenza comunicativa orale. Funzione comunicativa: "comunicare in un negozio / al mercato".

Procedimento Formate delle coppie e invitate i vostri corsisti ad utilizzare le espressioni del dialogo alternando i ruoli. Devono cambiare gli alimenti da acquistare e le quantità.

15 | Osservate e riflettete.

Obiettivo Riflessione linguistica: articolo partitivo.

Procedimento Dite agli studenti di leggere le frasi all'interno dei due specchietti. Chiedete loro con quali parole viene indicata una quantità non precisa e a cosa fa riferimento il *ne*. Invitateli a questo punto a provare a chiedere una quantità non precisa di *zucchero* e di *zucchini*.
Fate infine notare la cornice a destra con la spiegazione dell'articolo partitivo e del pronome *ne*.

Soluzione *Mi dia dello zucchero; Mi dia degli zucchini.*

16 | Consumate questi prodotti a casa vostra? In che quantità?

Obiettivo Esercitare oralmente il pronome *ne*.

Procedimento A coppie. Chiedete agli studenti di porsi a vicenda delle domande e di rispondere così come mostrato negli esempi menzionando tutti i prodotti alimentari elencati. Attirate l'attenzione sull'uso di *anch'io* (usato per le espressioni in positivo) e di *neanch'io* usato per le espressioni con negazione (fate notare la spiegazione di *neanche* nella cornice a destra).

17 | E ora in movimento!

Obiettivo Esercitare la produzione scritta e orale. Funzione comunicativa: "informarsi sulle abitudini alimentari".

Procedimento Invitate i vostri studenti a scrivere cinque domande utili ad informarsi sulle abitudini alimentari degli altri partecipanti. Possono prendere spunto dai sette temi elencati e dall'esempio. Ogni corsista dovrà porre a cinque compagni diversi una domanda sempre nuova tra quelle preparate in precedenza. Dite loro di prendere appunti perché dovranno riportare in plenum quanto appreso.

Una sagra paesana

18 | Secondo voi che cos'è una sagra?

Obiettivo Preparare alla comprensione scritta.

Procedimento In plenum. Invitate i vostri corsisti a guardare e leggere le tre locandine e chiedete loro di cercare di intuire che cos'è una *sagra* e che cosa viene festeggiato in ognuna delle tre sagre rappresentate.

> Il termine *sagra* deriva dall'aggettivo latino *sacrum* (sacro). La sagra si caratterizza, infatti, per la sua dimensione religiosa. Le feste popolari dell'antichità erano celebrate davanti ai templi o, in epoca cristiana, davanti alle chiese (da cui deriva il termine *sagrato* delle chiese). I vari momenti dell'anno (l'inverno, la primavera, la mietitura, la vendemmia) erano celebrati con feste religiose per ringraziare la divinità o per propiziarsi la bella stagione. Durante le feste dell'antichità erano spesso sacrificati animali, oppure venivano offerti dei prodotti della terra, che erano poi consumati dall'intera comunità. Questo rito simbolico è rintracciabile ancora oggi nelle diverse sagre gastronomiche che ruotano attorno ad un piatto tradizionale regionale o locale.

19 | Leggete il testo.

Obiettivo Esercitare la comprensione scritta.

Procedimento Fate adesso leggere il testo e chiedete di abbinarlo a una delle tre locandine.
Dopo aver verificato, potete chiarire eventuali dubbi lessicali come p. es. *caldarrosta* (le caldarroste sono le castagne arrostite sul fuoco) o *contrada* (nel passato sinonimo di *quartiere*). Potete anche far trovare Siena sulla cartina all'interno della copertina e spiegare che la *Pro Loco* è un'organizzazione che ha lo scopo di favorire e sostenere attività culturali e potenziare il turismo. Tendenzialmente si tratta di un fenomeno associativo che riguarda in prevalenza i centri piccoli o medi.
Se volete potete spiegare che Triggiano è un comune della provincia di Bari mentre Cusano Mutri è un comune della provincia di Benevento in Campania e fa parte del Club dei borghi più belli d'Italia.

20 | Un amico vuole andare alla sagra di Piancastagnaio.

Obiettivo Esercitare la competenza comunicativa orale e reimpiegare le informazioni del testo.

Procedimento Formate delle coppie. Spiegate ai corsisti che uno di loro è l'amico che vuole andare alla sagra di Piancastagnaio e desidera avere informazioni a riguardo mentre l'altro è la persona informata sull'avvenimento che risponde in base alle informazioni del testo. Per le domande gli studenti possono prendere spunto dal fumetto.

21 | Guardate ancora le locandine.

Obiettivo Esercitare la competenza comunicativa orale.

Procedimento Dividete i corsisti in gruppi e chiedete loro di discutere sulle tre sagre presentate. Quale può essere interessante per loro e perché? Riportate in plenum i risultati e chiedete ai corsisti se conoscono feste simili nel loro paese.

Ascoltare e capire

22 | Ascoltate. Dove siamo?

Obiettivo Esercitare la comprensione auditiva globale.

Procedimento Fate ascoltare i tre annunci dicendo di individuare, tra quelli proposti, i tre luoghi in cui ci troviamo. Verificate in plenum.

Soluzione A *al supermercato*, B *per strada*, C *al mercato*

Trascrizione ▶ 1/41

A Prendi tre e paghi due. Solo questa settimana offerta promozionale 3 per 2 su molti prodotti: mozzarella gran qualità tre pezzi 2,38 euro; succhi di frutta 3 litri per soli 2,70 euro. Sabato 16 e sabato 23 offerta "spesa amica, prezzo speciale" su molti altri articoli!

B Stasera a partire dalle ore 20 il Circolo "La Fogliaia" organizza una grande serata con cena all'aperto in Piazza del Comune. Vi aspettiamo numerosi!

C Pesce frescoooo! Signora, che bel pesce che ho! Ora l'ho pescato! Comprate questo bel pesce! Un chilo 10 euro! Chi mangia questo pesce vive 100 anni. Pesceeee, pesce frescoooo! Un chilo, 10 euro!

23 | Riascoltate e rispondete.

Obiettivo Esercitare la comprensione auditiva dettagliata.

Procedimento Prima di iniziare l'ascolto chiedete agli studenti di leggere le domande e chiarite eventuali dubbi lessicali. Fate riascoltare una seconda volta il dialogo e invitateli a rispondere se le affermazioni proposte sono vere o false.

Soluzione *1. falso, 2. vero, 3. vero, 4. falso; 5. falso, 6. vero*

Pronuncia

24 | Ascoltate la canzone: quando non si beve il caffè della Peppina?

Obiettivo Esercitare la comprensione auditiva selettiva.

Procedimento Dite agli studenti che *Il caffè della Peppina* è la canzone vincitrice dell'edizione del 1971 dello *Zecchino d'Oro*. A pag. 39 di questa guida potete trovare un infobox sulla manifestazione canora per bambini più famosa d'Italia.
Fate ascoltare una prima volta la canzone chiedendo agli studenti di capire quando non si beve il caffè della Peppina.

Soluzione *alla mattina*

25 | Attenti alle doppie! Riascoltate e sottolineate le parole che sentite.

Obiettivo Esercitare la comprensione auditiva dettagliata e la pronuncia delle doppie.

Procedimento Fate riascoltare una seconda volta la canzone e invitate gli studenti a sottolineare le parole che sentono tra quelle elencate. Quando hanno finito formate delle coppie e fate leggere a turno le parole da loro sottolineate. Verificate in plenum la loro esatta pronuncia e fate ripetere tutte le parole ad alta voce.

Soluzione *mattina, latte, cioccolata, marmellata, mezzo, cipolle, caramelle, sette, farfalle*

26 | Una strofa da cantare

Obiettivo Esercitare la comprensione auditiva dettagliata (a) e la pronuncia delle doppie (b).

Procedimento

a A coppie. Dite loro di inserire le parole mancanti nella strofa trascritta e fate riascoltare per verificare.

b Sempre a coppie fate leggere a turno la strofa oppure se i corsisti lo vogliono, cantatela in coro. Dite loro di fare attenzione alla pronuncia delle consonanti doppie.

Soluzione *cioccolata, marmellata, cipolle, caramelle, farfalle*

27 | Conoscete altre parole con le consonanti doppie?

Obiettivo Raccogliere parole con le consonanti doppie.

Procedimento Chiedete ai vostri corsisti di rispondere alla domanda della consegna. Riportate i vocaboli alla lavagna.

Giro d'Italia

In Toscana con Nadia

La regione protagonista del settimo Giro è la Toscana presentata da Nadia, una delle autrici. Questo Giro si basa sulla scoperta delle bellezze paesaggistiche e culinarie di questa regione ed è previsto anche un confronto interculturale con le abitudini alimentari dei corsisti.

1 Avete già visitato la Toscana?

Procedimento Chiedete ai vostri studenti se conoscono già qualcosa sulla Toscana e se ci sono già stati.

Nadia proviene da „Il castellaccio" a Travalle, una frazione del comune di Calenzano che si trova in provincia di Firenze (seconda foto a sinistra).

2 E da voi?

Procedimento Ecco il primo riferimento interculturale di questo Giro. Chiedete ai vostri corsisti che tipo di paesaggio, piante e colori sono caratteristici della loro regione.

3 Con la bistecca alla fiorentina beviamo il vino rosso.

Procedimento In Toscana con la bistecca alla fiorentina si beve il vino rosso. Chiedete ai vostri studenti che cosa bevono con la carne e durante i pasti.

4 E voi dove comprate le specialità alimentari?

Procedimento In Italia si possono comprare molte specialità regionali anche al supermercato. Chiedete ai vostri studenti di rispondere alla domanda della consegna.

Per comunicare

28 | Scrivete per ognuna delle cinque categorie altre due frasi che pensate di potere usare.

Obiettivo Ampliare il proprio vocabolario con le frasi ritenute importanti.

Procedimento Per ognuna delle cinque categorie fornite, fate scrivere ai vostri studenti altre due frasi che pensano possano essere loro utili. Possono riguardarsi l'unità per prendere degli spunti.

Per il dossier

29 | Volete aprire un negozio biologico.

Obiettivo Esercitare l'abilità di scrittura.
Funzione: "creare un dépliant".

Procedimento Fate leggere il dépliant del negozio biologico Il Mercato Verde e chiarite eventuali dubbi lessicali. Invitate quindi i vostri corsisti a formare dei gruppi e a scrivere il dépliant per l'inaugurazione del loro negozio biologico. Sul volantino devono indicare orari, prodotti offerti e promozioni per la settimana d'apertura.

Ricapitoliamo!

Obiettivo Ripetere in modo ludico quanto affrontato nell'unità 7 a livello grammaticale, lessicale e di funzioni comunicative.

Materiale necessario Un set di carte per gruppo. Le carte le potete ricavare dalla fotocopia di pag. 86 di questa guida. Dividete le carte con scrittura normale (domande) da quelle in corsivo (risposte), in modo da avere due mazzi di carte per gruppo.

Procedimento Formate dei gruppi A e B di 3–4 persone: il gruppo A con le carte delle domande (3–4 carte ciascuno), il gruppo B con le risposte. Inizia il gioco la persona più giovane del gruppo A che legge una delle sue domande. La persona del gruppo B che ha la risposta giusta risponde. Le due carte vengono messe da parte e il gioco continua con un'altra domanda di una persona diversa del gruppo A. Il gruppo A decide se la risposta è giusta. Attenzione: se la prima risposta è sbagliata il gioco continua lo stesso con un'altra domanda di un'altra persona. Il gioco finisce quando tutte le carte sono esaurite.

8 Storie di famiglia

Temi	■ la famiglia ■ festività e regali
Lessico	■ anni e date ■ nomi di parentela ■ feste e ricorrenze ■ tipi di regalo
Obiettivi	■ parlare della propria famiglia ■ chiedere l'età e la data del compleanno (e rispondere) ■ fare gli auguri ■ fornire informazioni sui gusti di una persona ■ fare delle proposte per un regalo
Grammatica	■ l'uso dell'articolo determinativo con l'anno ■ gli aggettivi possessivi ■ i pronomi indiretti ■ indicare l'età ■ *molto, tanto, troppo* e *poco* come aggettivo e avverbio ■ le congiunzioni *quando* e *se*
Pronuncia	■ i dittonghi

1 | Guardate la copertina del libro.

Obiettivo Introdurre al tema della lezione e attivare le preconoscenze degli studenti.

Procedimento
a Invitate i vostri studenti ad osservare la copertina del libro riprodotta sulla pagina e chiedete loro di descrivere ciò che vedono e di indicare a quale data secondo loro risale la foto. Perché hanno scelto proprio questa data? Da che cosa lo hanno dedotto?
b Partendo dal titolo e dal sottotitolo, chiedete ai vostri studenti quali informazioni ricevono riguardo al contenuto del libro. Secondo loro di che cosa parla e chi sono i protagonisti?

Soluzione
a *Si vedono dei ragazzi che guardano delle figurine. Dall'abbigliamento e dal taglio di capelli siamo forse negli anni '50–'60.*
b *È la storia di una famiglia italiana e delle figurine Panini.*

2 | Conoscete le figurine Panini?

Obiettivo Esercitare la competenza comunicativa orale.

Procedimento Chiedete ai vostri studenti se conoscono le figurine Panini e se anche loro, in passato, hanno fatto delle raccolte di figurine. Se sì, di quale tipo? Se ne avete alcune a casa, portate in classe delle figurine a marca Panini da poter mostrare agli studenti.

La famiglia Panini

3 | Date un ordine alle vignette e raccontate la storia.

Obiettivo Preparare alla lettura del testo dell'att. 4 esercitando la comprensione scritta con l'aiuto di immagini e ricostruendo una storia. Funzione comunicativa: "raccontare una storia".

Procedimento Formate dei gruppi. Chiedete ad ogni gruppo di pensare ad un ordine da dare alle vignette (cominciando con la seconda vignetta in alto: *Nel 1941 …*). e di raccontare la storia aiutandosi con le descrizioni fornite sotto ogni illustrazione. Dite loro che devono inventare anche la fine del racconto. Chiarite eventuali parole che risultano ancora incomprensibili e spiegate agli studenti come si dice "1941". In plenum fate raccontare ad ogni gruppo la storia della famiglia Panini senza verificare ancora l'esattezza della sequenza. Accettate tutte le soluzioni.

Soluzione risposta libera

4 | Leggete ora il testo.

Obiettivo Esercitare la comprensione scritta globale (a) e dettagliata (b) ed esercitare le date.

Procedimento
a Date alcuni minuti per la lettura del testo. Dite loro di non soffermarsi su ogni parola ma di cercare le informazioni utili a rispondere alla domanda *Perché la famiglia Panini è diventata un mito?* Verificate in plenum e chiarite eventuali dubbi lessicali importanti come *morte*, *sorella*, *affari*, *ditta* e *problemi di successione*. Potete eventualmente riferirvi al vocabolario a pag. 212.
b Dividete adesso i corsisti in coppie e chiedete loro di confrontare la loro storia con il testo. Le vignette sono state messe nel giusto ordine cronologico oppure

no? Invitate le coppie a disporre le vignette in ordine cronologico basandosi sul testo appena letto e sulle date elencate. Chiedete ai vostri corsisti di aggiungere alla storia anche i fatti risalenti alla fine degli anni '80 e a oggi. Verificate in plenum l'ordine esatto facendo raccontare ancora una volta la storia a voce alta.
Fate notare infine che davanti agli anni bisogna usare l'articolo determinativo (spesso insieme alle preposizioni *in, a, da*) e fornite degli esempi prendendoli dal testo (p. es. *dal 1941, nel 1960, degli anni '80*).

Soluzione

a *Perché con un'idea geniale e molto lavoro è diventata una famiglia famosa in tutto il mondo.*

b *Nel 1941 otto fratelli rimangono senza padre. Nel 1945 comprano un'edicola abbandonata e vendono francobolli usati e buste-sorpresa con vecchi gialli, riviste o fumetti. Nel 1960 vendono bustine con figurine di calciatori. Nel 1961 cominciano a stampare da sé le figurine e le vendono con l'album per la raccolta. Nel 1969 esportano figurine in tanti paesi del mondo e diventano leader del settore. Alla fine degli anni '80 i fratelli vendono l'azienda per evitare problemi si successione. Oggi Umberto ha un'azienda agricola biologica e ha aperto un museo, i figli di Franco portano avanti la casa editrice di libri d'arte e per ragazzi e Giuseppe è il fondatore del Gruppo Sportivo Panini.*

5 | Avete avuto anche voi una collezione da bambini?

Obiettivo Esercitare la competenza comunicativa orale e reimpiegare il lessico nuovo.

Procedimento A coppie. Invitate gli studenti a rispondere alla domanda della consegna specificando anche che tipo di collezione hanno fatto da bambini e che cosa collezionano oggi. Riportate i risultati in plenum.

6 | La famiglia Panini vista da Umberto.

Obiettivo Introdurre il lessico riguardante il tema famiglia e primo accenno agli aggettivi possessivi con i nomi di parentela.

Procedimento

a Fate osservare l'albero genealogico della famiglia Panini dal punto di vista del figlio Umberto. In base al testo di pag. 91, quali altri nomi si possono aggiungere? Quale gradi di parentela hanno queste persone con Umberto? Chiedete ai corsisti di rileggere il testo e di completare con i due nomi mancanti.

b Fate leggere il breve testo sulla famiglia Panini e chiedete ai vostri studenti di completare le affermazioni con i nomi corrispondenti alle relazioni di parentela.

Soluzione

a *Giuseppe (mio fratello), Benito (mio fratello)*

b *1. Olga è la nonna di Manuela, Marco, Giovanni, Matteo, Silvia, Maria Teresa, Lucia, Laura e Luca; 2. Giovanni è il nipote di Olga e Antonio ma anche di Giuseppe, Veronica, Franco, Emilia e Benito; 3. Franco è il cognato di Tina; 4. Silvia è la cugina di Manuela, Marco, Giovanni e Matteo; 5. Umberto è lo zio di Silvia, Maria Teresa, Lucia, Laura e Luca; 6. Emilia è la moglie di Franco.*

7 | Rileggete il testo sulla famiglia Panini e osservate.

Obiettivo Riflettere sull'uso degli aggettivi possessivi alla terza pers. sing. con i nomi di parentela.

Procedimento Attirate l'attenzione dei corsisti sull'uso dell'aggettivo possessivo con i nomi di parentela già presente nell'att. 6b. Che cosa notano? Verificate chiedendo loro di leggere gli esempi presentati nei due specchietti verdi e la regola nella cornice a fianco.
Potete portare quindi l'attenzione sulla cornice a sinistra dell'att. 6 dove sono presentati gli aggettivi possessivi alla prima e seconda pers. sing. e plur. Chiedete eventualmente agli studenti di cambiare sull'albero genealogico la forma del possessivo dalla prima alla seconda pers. sing. e plur.
Invitate poi a rileggere il testo sulla famiglia Panini a pag. 91, facendo attenzione all'uso dell'aggettivo possessivo. Fate infine notare che la forma del singolare e del plurale dell'aggettivo *loro* rimane invariata.

8 | E ora in movimento!

Obiettivo Esercitare la competenza comunicativa orale e reimpiegare il lessico nuovo.

Procedimento Prima di iniziare l'attività attirate l'attenzione sulla formazione del plurale di coppia dei nomi di parentela (cornice in basso a sinistra). Dite ai corsisti che i *parenti* non sono i *genitori* ma la parentela in generale (falso amico!).
Chiedete ai vostri studenti di leggere le categorie della lista e di immaginarsi come porre le rispettive domande. Risolvete eventuali dubbi al riguardo facendo, se necessario, un esempio: *Quanti fratelli hai? Hai figli?* ecc. e invitate i corsisti ad alzarsi e a girare per l'aula

alla ricerca di persone che soddisfano le richieste della lista. Possono scrivere lo stesso nome massimo due volte. Il primo che completa la lista fermerà il gioco. Verificate in plenum le informazioni raccolte.

Tanti auguri!

9 | Leggete il titolo di un articolo su Umberto Panini.

Obiettivo Esercitare la comprensione scritta selettiva e presentare nuovo lessico sul tema feste.

Procedimento Fate leggere il titolo dell'articolo di giornale su Umberto Panini. Chiedete ai vostri corsisti di individuare di quale festa si tratta.

Soluzione *il compleanno*

10 | Ecco che cosa hanno scritto i giornali per gli 80 anni di Umberto Panini.

Obiettivo Esercitare la comprensione scritta.

Procedimento Invitate gli studenti a leggere le frasi tratte da alcuni articoli di giornale scritti in occasione dell'ottantesimo compleanno di Umberto Panini.

11 | Osservate.

Obiettivo Analisi linguistica: l'uso degli aggettivi possessivi seguiti da nomi appartenenti alla sfera semantica della famiglia e non.

Procedimento Fate leggere in plenum le affermazioni presenti nello specchietto verde e fate notare l'uso del verbo *avere* nella domanda per chiedere l'età e nella rispettiva risposta (cornice a sinistra).
Chiedete ai corsisti di indurre la regola per i casi in cui l'aggettivo possessivo è preceduto dall'articolo determinativo facendo sottolineare le forme presenti nelle frasi. Verificate in plenum. Fate infine notare che nel caso dell'aggettivo possessivo *loro*, anche al singolare si mette l'articolo determinativo davanti a nomi di parentela (v. cornice dell'att. 6b).

Soluzione *L'aggettivo possessivo è preceduto dall'articolo determinativo al singolare quando segue un sostantivo (al singolare) che non è legato alla sfera semantica della famiglia. Per es. il suo compleanno, la sua azienda. Quando invece segue un nome legato alla sfera semantica della famiglia, si ha l'articolo determinativo solo alla forma plurale. Per es. mio fratello / i miei fratelli.*

12 | Il compleanno di Umberto Panini è il 3 febbraio. E quando è il vostro?

Obiettivo Esercitare la competenza comunicativa orale. Funzione comunicativa: "comunicare e chiedere la data del compleanno".

Procedimento Gli studenti devono mettersi in fila in base alla data del loro compleanno (mese e giorno) cominciando da gennaio. Prendendo spunto dagli esempi, dovranno quindi chiedersi a vicenda quando festeggiano il compleanno e rispondere.

13 | Per quali occasioni le persone hanno scritto questi biglietti d'auguri?

Obiettivo Esercitare la comprensione scritta globale e ampliare il lessico sul tema feste e ricorrenze.

Procedimento
a Dite ai corsisti di leggere i biglietti d'auguri e di abbinare ognuno ad una delle occasioni presentate.
b Formate dei gruppi e fate discutere su queste feste nel paese degli studenti. Quali sono importanti e quali festeggiano? Verificate in plenum.
c In plenum chiedete in quali di queste occasioni è tradizione fare un regalo.

Soluzione
a *1. compleanno, 2. Natale e Capodanno, 3. matrimonio, 4. nascita, 5. laurea*
c risposta libera

Ascoltare e capire

14 | Io ho un oggetto che mi è particolarmente caro.

Obiettivo Esercitare la comprensione auditiva selettiva (a) e dettagliata (b).

Procedimento
a Fate ascoltare una prima volta il racconto e chiedete di segnare la risposta esatta tra quelle proposte.
b Fate riascoltare la registrazione (se necessario più di una volta) e chiedete di mettere in ordine cronologico il riassunto del racconto di Elisa.

Soluzione
a *Di un bracciale in oro.*
b Per la soluzione si veda la trascrizione.

Trascrizione ▶ 1/41
Io ho un oggetto che mi è particolarmente caro. È un bracciale in oro con una pietra di smeraldo. Me lo ha

regalato la mia mamma quando ho compiuto 18 anni. In realtà la storia di questo bracciale è molto più lunga. La mia mamma ha lavorato tanti anni in Emilia Romagna. Quando ha conosciuto mio padre, però, ha dovuto lasciare il suo lavoro. Così, il suo datore di lavoro le ha regalato per riconoscenza questo bellissimo bracciale. Mia mamma lo ha portato per molto tempo e quando io ho compiuto diciotto anni lo ha voluto regalare a me. Ecco perché è un oggetto così speciale.

15 | E voi, avete un oggetto di famiglia che vi è particolarmente caro?

Obiettivo Esercitare la competenza comunicativa orale. Funzione comunicativa: "raccontare una storia personale".

Procedimento Formate delle coppie. Dite loro di raccontare, così come ha fatto Elisa, se hanno un oggetto di famiglia cui sono particolarmente legati e perché. Fornite eventuali parole sconosciute. Se volete potete riportare in plenum i risultati.

Un regalo per ...

16 | Rispondete alle domande e trovate il regalo ideale.

Obiettivo Raccogliere informazioni sulle preferenze di un'altra persona.

Procedimento Invitate i vostri studenti a rispondere singolarmente al questionario. Per ogni domanda possono scegliere tra quattro possibili risposte in base alla persona che hanno scelto come destinatario del loro regalo. Fate notare l'uso di *molto*, *tanto*, *troppo* e *poco* in funzione di aggettivo e di avverbio (cornice a sinistra). Chiedete infine quale regalo secondo loro potrebbe andare bene per la persona a cui hanno pensato. Gli oggetti a sinistra e a destra del questionario potrebbero dare loro qualche idea. Non riportate ancora in plenum i risultati.

17 | A chi volete fare il regalo? Raccontate.

Obiettivo Esercitare la comunicazione orale. Funzioni comunicative: "fornire informazioni sulle preferenze di un'altra persona e dare dei consigli per un regalo ideale".

Procedimento Formate delle coppie. Utilizzando le informazioni raccolte con il questionario dell'att. 16, a turno ogni studente racconterà al compagno le preferenze della persona a cui devono fare un regalo, rivelandone anche l'età. Sulla base di queste informazioni il compagno dà un consiglio sul regalo ideale prendendo spunto dall'esempio e dagli oggetti raffigurati e nominati a pag. 94. Alla fine, quando il compagno avrà finito di dare i propri consigli, gli studenti si scambieranno i ruoli. Al termine degli scambi, in plenum, potete far raccontare ad ogni studente qual è secondo lui il regalo più adatto al destinatario, motivando anche la propria scelta.

18 | Ascoltate. Per chi cercano i regali le due sorelle?

Obiettivo Esercitare la comprensione auditiva dettagliata.

Procedimento Fate ascoltare una prima volta a libro chiuso (se necessario anche due volte) chiedendo agli studenti di concentrarsi sulle domande. Riportate in plenum le risposte e poi dite agli studenti di aprire il libro e di verificarne l'esattezza nella trascrizione.

Soluzione *Le due sorelle parlano dei regali da fare alla mamma, al papà, ai nonni, alle zie e al fratello.*
Chi riceve che cosa?: *mamma – borsa, papà – biglietto per una partita di derby, nonni – un cofanetto di CD con le opere di Verdi, zia Anna e zia Pinuccia – un biglietto*
Si tratta della festa di Natale.

19 | Rileggete e completate.

Obiettivo Riflettere sull'uso dei pronomi indiretti.

Procedimento Fate notare la cornice a destra con i pronomi indiretti. Chiedete di rileggere la trascrizione del dialogo dell'att. 18 e di cercare tutti i pronomi indiretti. Fate quindi leggere le frasi dell'attività riportate nel primo specchietto verde e invitate i corsisti a riflettere sulla domanda *A chi?* Sempre in base al dialogo dell'att. 18, chiedete loro di completare con i nomi delle persone cui si riferiscono i pronomi indiretti presenti nelle frasi.

Soluzione *a papà, ai nonni, alle zie*

20 | Le due sorelle continuano a parlare di regali per altri parenti e amici.

Obiettivo Reimpiegare il lessico appreso ed esercitare i pronomi indiretti.

Procedimento A coppie. Dite agli studenti di interpretare i ruoli delle due sorelle. Dite loro di continuare a cercare regali per altre persone secondo il modello del dialogo in precedenza ascoltato e gli esempi forniti. Nei due fumetti possono trovare degli spunti per le persone cui vogliono fare il regalo.

21 | Che cosa regaliamo a ...?

Obiettivo Esercitare la competenza comunicativa orale ed esercitare i pronomi indiretti.

Procedimento
a Dividete i corsisti in due gruppi. Ogni gruppo dovrà decidere che cosa regalare ai componenti dell'altro gruppo.
b A questo punto i gruppi si intervistano a vicenda, come negli esempi riportati, per sapere quali regali hanno scelto per ognuno di loro.

22 | Quando avete fatto un regalo l'ultima volta?

Obiettivo Esercitare la competenza comunicativa orale.

Procedimento Formate delle coppie e lasciate che gli studenti si scambino informazioni sull'ultimo regalo da loro fatto.

Portafogli, portamonete e borsellini vanno regalati sempre con dentro una monetina altrimenti sono pericolosamente condannati a rimanere vuoti per l'eternità.
I fazzoletti non si regalano perché potrebbero servire per asciugare lacrime. Chi regala fazzoletti deve farsi dare dei soldi in cambio. Stesso discorso per le perle. Le perle sono lacrime. Come per i fazzoletti, basta un centesimo in modo da "pagare" il regalo. Regalare un coltello ad un amico può significare tagliare o dividere il rapporto. Chi lo riceve deve quindi dare una moneta in cambio. Alle future mamme non si regala niente per il bambino prima che sia nato.
E per finire, attenzione a regalare un anello: rappresenta una promessa e chi non ha intenzione di farla è meglio che regali qualcos'altro.

→ **Attività supplementare** Chiedete ai vostri studenti se conoscono delle credenze simili in uso nel loro paese d'origine. Parlatene in plenum.

Chi mi aiuta?

23 | Leggete il testo.

Obiettivo Esercitare la comprensione scritta globale.

Procedimento Invitate i corsisti a leggere il testo e a cercare la risposta alla domanda. Verificate in plenum e chiarite eventuali dubbi lessicali.

Fate notare la cornice a sinistra sulla differenza di *quando* e *se*.

Soluzione *Perché oggi sono loro a dare una mano quando abbiamo bisogno.*

24 | Familiari o amici?

Obiettivo Reimpiegare le informazioni del testo per esercitare la competenza comunicativa orale.

Procedimento
a In questa prima parte dell'attività vengono riprese le domande poste nel testo appena letto. Chiedete agli studenti di leggere e rispondere da soli ad ognuna. Riportate le risposte in plenum. Se volete potete scrivere alla lavagna una classifica delle persone più richieste nelle diverse situazioni.
b Invitate adesso ogni studente a pensare con chi svolge le attività presentate nell'elenco. Lasciate alcuni minuti per riflettere e poi dite loro di confrontare in gruppo i risultati. Se avete tempo potete discutere in plenum quanto emerso in ogni gruppo.

Pronuncia

25 | Quante vocali!

Obiettivo Esercitare la comprensione auditiva e la pronuncia delle vocali doppie.

Procedimento Fate ascoltare la filastrocca. Formate delle coppie e invitate gli studenti a ripetere a turno la filastrocca facendo attenzione alla pronuncia delle vocali. Fate notare l'indicazione sulla pronuncia fornita nella cornice a sinistra.

26 | Chi riesce a scoprire le parole?

Obiettivo Riconoscere parole con dittonghi.

Procedimento A coppie. Fate scoprire a turno le parole nascoste nel serpente e dite agli studenti di fare attenzione alla pronuncia delle vocali.

Soluzione *puoi, fuoco, sei, sai, suoi, idea, siete, chiesa, macellaio, europeo, fiore, fuori*

Giro d'Italia

In Emilia-Romagna con Vittorio

La regione protagonista dell'ottavo Giro è l'Emilia-Romagna presentata da Vittorio. Questo Giro si basa sulla scoperta delle città, dei personaggi, dei marchi famosi e del turismo di questa splendida regione. Come sempre è previsto un confronto interculturale con il paese di appartenenza dei corsisti.

1 Quali città del vostro paese sono per voi a misura d'uomo?

Procedimento Le città dell'Emilia-Romagna sono note per l'alta qualità della vita che offrono ai loro abitanti perché sono di una grandezza ideale e tranquille. Chiedete ai vostri studenti di rispondere alla domanda della consegna.

2 Molti compositori, cantanti e registi sono nati in questa regione. Ne conoscete alcuni?

Procedimento Chiedete ai vostri corsisti se conoscono i personaggi famosi citati nel testo.

Giuseppe Verdi: (Roncole di Busseto, 10 ottobre 1813 - Milano, 27 gennaio 1901) compositore e autore di melodrammi famoso e amato a livello internazionale.
Luciano Pavarotti: (Modena, 12 ottobre 1935 - Modena, 6 settembre 2007) tenore apprezzato in tutto il mondo.
Zucchero: (Roncocesi, 25 settembre 1955), cantante, cantautore e musicista.
Vasco Rossi: (Zocca, 7 febbraio 1952), cantautore.
Luciano Ligabue: (Correggio, 13 marzo 1960), cantautore, scrittore, regista, sceneggiatore e chitarrista.
Federico Fellini: (Rimini, 20 gennaio 1920 - Roma, 31 ottobre 1993) regista e sceneggiatore. Vincitore di 5 premi Oscar tra cui quello alla carriera (foto in basso a sinistra).
Michelangelo Antonioni: (Ferrara, 29 settembre 1912 - Roma, 30 luglio 2007) regista.
Marco Bellocchio: (Bobbio, 9 novembre 1939) uno dei registi più anticonformisti del cinema italiano.
Bernardo Bertolucci: (Parma, 16 marzo 1941) regista, sceneggiatore e produttore cinematografico. Nel 1987 ha diretto *L'ultimo imperatore* che ha vinto nove premi Oscar.

3 La Ferrari è conosciuta in tutto il mondo.

Procedimento Chiedete ai vostri corsisti se ci sono delle marche o dei prodotti del loro paese di provenienza che sono conosciuti in tutto il mondo.

4 L'Emilia-Romagna è famosa anche per l'industria del turismo e del divertimento.

Procedimento Chiedete ai vostri studenti quale ruolo detiene nella loro regione l'industria del turismo e del divertimento. Dite loro di fare qualche esempio.

La seconda foto a sinistra mostra il *Palazzo del governatore* a Parma. La spiaggia sulla seconda foto a destra è sul litorale di Rimini e l'ultima foto mostra un ponte romano che si trova a Rimini città.

Per comunicare

27 | Disegnate e scrivete per memorizzare.

Obiettivo Memorizzare i nomi di parentela.

Procedimento Invitate i vostri studenti a fare uno schizzo del loro albero genealogico abbinando ad ogni nome proprio anche il ruolo all'interno della famiglia (p. es. *Robert mio fratello*). Fate inoltre leggere le frasi necessarie per parlare e chiedere informazioni su una persona e sulla sua famiglia.

→ **Attività supplementare** Potete chiedere ai vostri corsisti di girare per l'aula ponendo ad un compagno sempre diverso una delle domande presentate nei primi due riquadri di *Per comunicare* e a cui il compagno dovrà rispondere (p. es. *Quanti anni hai? – Ho … anni; Quando sei nato/-a? – Sono nato/-a nel …* ecc.).

Per il dossier

28 | Volete mandare un regalo a una persona cara.

Obiettivo Esercitare l'abilità di scrittura.
Funzione: "scrivere un biglietto d'auguri".

Procedimento Invitate i vostri corsisti a scrivere il biglietto da allegare ad un regalo per una persona cara (l'occasione per cui fanno il regalo la decidono loro).

Ricapitoliamo!

Obiettivo Ripetere in modo ludico quanto affrontato nell'unità 8 a livello grammaticale, lessicale e di funzioni comunicative.

Materiale necessario Una fotocopia delle due foto di famiglia a pag. 87. Ogni coppia riceve le due foto e ogni studente ne prende una.

Procedimento Ogni studente presenterà al suo compagno i membri della sua famiglia immaginaria dando per ognuno delle informazioni su nome, età, stato civile, residenza, professione, attività del tempo libero e preferenze personali.

9 La mia casa, le mie cose

Temi	■ fiere ■ casa e arredamento ■ cercare casa ■ tempo atmosferico ■ abbigliamento e saldi
Lessico	■ tipi di case ■ mobili e accessori ■ tempo atmosferico ■ abbigliamento ■ negozi non alimentari
Obiettivi	■ descrivere un appartamento e il suo arredamento ■ parlare dei lati positivi e negativi di un luogo d'abitazione ■ capire un annuncio immobiliare ■ descrivere e informarsi sulle condizioni atmosferiche ■ acquistare capi d'abbigliamento ■ chiedere il prezzo in un negozio
Grammatica	■ il verbo irregolare *dire* ■ gli avverbi in *-mente* ■ i colori (aggettivi) ■ il *si* impersonale ■ diversi significati di *tutto* ■ i pronomi dimostrativi *questo* e *quello*
Pronuncia	■ la *s* sorda [s] e sonora [z]

1 | Guardate e rispondete.

Obiettivo Introdurre al tema della casa, attivare le preconoscenze degli studenti.

Procedimento
a Formate dei gruppi. Invitate i vostri studenti a cercare nelle due locandine e nel biglietto d'entrata le informazioni richieste. Chiedete poi ai vostri corsisti da che cosa hanno dedotto le risposte. Verificate in plenum e chiedete se tutte le parole presentate sul realia sono chiare (p. es. quelle che fanno riferimento alle attività di artigianato, *arredamento, feriali, festivi, valido*). Potete anche chiedere perché sulla locandina *Arti e Mestieri Expo* c'è l'immagine delle mani.
b Continuate con gli stessi gruppi formati in precedenza. Sempre partendo dai tre input visivi, chiedete ai vostri corsisti di cercare di capire quale fiera potrebbe essere interessante per chi vuole comprare una borsa in pelle e quale per chi cerca una pianta d'ulivo. Spiegate eventualmente la parola nuova *pelle*.
Verificate in plenum.

Soluzione
a *Si tratta della fiera dell'artigianato a Roma, la mostra dell'arredamento per la casa a Carrara e la fiera del giardinaggio a Pordenone; c'è ingresso gratuito per la fiera Arti e Mestieri Expo; per la fiera Tuttocasa il biglietto ridotto costa 1 euro.*
b borsa in pelle: *Arti e Mestieri Expo*
pianta d'ulivo: *Orto giardino*

2 | Avete già visitato una fiera? Dove? Avete comprato qualcosa?

Obiettivo Esercitare la competenza comunicativa orale e introdurre lessico nuovo.

Procedimento Dividete i vostri corsisti in coppie. Con l'aiuto delle espressioni fornite (controllate prima che siano tutte conosciute) fate discutere i vostri studenti sul tema delle fiere. Potete chiedergli: *avete già visitato una fiera? Se sì, quale e con quale tema? Dove ha avuto luogo la fiera? Avete comprato qualcosa alla fiera? Vi piacciono le fiere e perché?*
Se lo desiderate, potete riportare in plenum i risultati.

Ci trasferiamo.

3 | Leggete l'e-mail di Manuela: di quale novità parla?

Obiettivo Esercitare la comprensione scritta globale e selettiva.

Procedimento Invitate i vostri corsisti a leggere la mail di Manuela. Dite loro di cercare di capire a quale delle tre fiere è andata Manuela e di quale novità parla. Verificate in plenum e fatevi dire da che cosa hanno capito le risposte.
Fate quindi notare i diversi significati che può avere la parola *tutto* (compare 3 volte nella mail) facendo riferimento alla pagina grammaticale di fine capitolo (pag. 109).
Portate inoltre l'attenzione sul fatto che la fiera *Tuttocasa* si tiene a Carrara nella regione Massa-Carrara dove Manuela e Davide hanno comprato casa.

Soluzione *Manuela parla della nuova casa. Lei e Davide hanno comprato una villetta a schiera in città. Hanno visitato la fiera Tuttocasa dove hanno comprato alcuni mobili.*

4 | Vantaggi o svantaggi?

Obiettivo Esercitare la comprensione scritta dettagliata e ampliare il lessico relativo alla casa e al luogo di residenza. Funzione comunicativa: "discutere i vantaggi e gli svantaggi dei diversi tipi di abitazione".

Procedimento
a Date agli studenti alcuni minuti per la seconda lettura del testo. Dite loro di cercare le informazioni riguardanti i vantaggi e gli svantaggi della nuova abitazione di Manuela e Davide. Verificate in plenum e chiarite adesso eventuali dubbi lessicali. Fate inoltre notare la coniugazione irregolare del verbo *dire* (cornice a destra) e invitate i corsisti a trovare la forma del verbo usata nella mail (*dico* nella quinta riga dal fondo).
b Invitate adesso i vostri studenti a classificare i tipi di casa e le caratteristiche presentate come vantaggi o svantaggi scrivendoli sulla riga giusta (risolvete eventuali dubbi lessicali). Lasciate alcuni minuti di tempo per lo svolgimento del compito scritto.
Alla fine formate dei gruppi e fate confrontare i risultati come nell'esempio. Ogni gruppo dovrà poi riportare in plenum quanto emerso dalla discussione.

Soluzione
a vantaggi: *la casa è a metà strada tra il posto di lavoro di lei e quello di lui; è vicino a due centri commerciali; ci sono mezzi pubblici comodi; è a cinque chilometri dal mare; la casa è abbastanza grande e molto bella. Dietro la casa c'è un giardino.*
svantaggi: *d'estate ci sono tanti turisti; la casa è costata molti soldi.*

5 | Completate la piantina della casa di Manuela e Davide con l'aiuto dell'e-mail.

Obiettivo Esercitare la comprensione scritta dettagliata e reimpiegare il lessico relativo alla casa. Quest'attività riguarda soprattutto l'intelligenza visivo-spaziale.

Procedimento Invitate gli studenti a inserire nella piantina il nome dei diversi ambienti in base alla descrizione fatta da Manuela nella sua mail. Verificate in plenum.

Soluzione

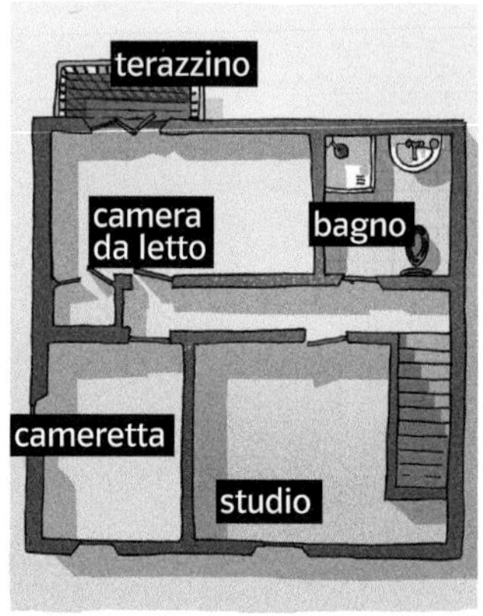

6 | Ecco i mobili e gli accessori che Manuela e Davide hanno comprato alla fiera. Dove li sistemate?

Obiettivo Esercitare la competenza comunicativa orale, introdurre il lessico riguardante il tema dell'arredamento e reimpiegare le preposizioni di luogo. Funzione comunicativa: "discutere su come arredare una casa".

Procedimento Prima di iniziare l'attività raccogliete alla lavagna con l'aiuto dei corsisti tutte le parole appartenenti alla sfera semantica "arredamento". Che cosa conoscono già? Che cosa vorrebbero sapere in italiano? A questo punto sarebbe anche utile riprendere le indicazioni di luogo (*davanti a, accanto / vicino a, sotto, sopra, a destra / sinistra*) che sono fondamentali per la descrizione degli ambienti. Quando il tema vi sembra esaurito, formate delle coppie che si caleranno nel ruolo di Manuela e Davide. Prendendo spunto dall'esempio dovranno discutere su dove collocare i mobili e gli oggetti d'arredamento nuovi (quelli raffigurati) e vecchi (il letto, i quadri, il guardaroba, gli specchi) all'interno dei due piani della loro villetta a schiera (dite loro di fare riferimento all'illustrazione a pag. 101), cercando di trovare una soluzione che possa andare bene a entrambi.

→ **Tipp e attività supplementare** Per l'att. 6 vi consigliamo di dare a ciascuno dei vostri studenti due fotocopie ingrandite delle due piantine di pag. 101. Gli studenti potranno disegnare sulla prima fotocopia i mobili e gli oggetti di arredamento nella posizione da loro prescelta. Nella seconda disegneranno la posizione dei mobili e degli oggetti così come hanno deciso insieme al compagno. Alla fine ogni coppia avrà la propria piantina. Potete a questo punto ampliare l'attività formando dei gruppi composti di due coppie ciascuno e facendo confrontare le due soluzioni d'arredamento proposte.

7 | Completate con le parole che trovate nell'e-mail.

Obiettivo Riconoscere e presentare gli avverbi in *-mente*.

Procedimento Chiedete agli studenti di rileggere l'e-mail a pag. 101 e di cercare le parole in *-mente* che mancano negli esempi dello specchietto verde di sinistra. Quando hanno terminato, verificate in plenum e chiedete loro a quale categoria grammaticale appartengono i termini che hanno trovato. Quando tutti sono d'accordo di aver inserito nelle frasi degli *avverbi*, fate completare la cornice a destra. A questo punto avranno ottenuto le regole di formazione degli avverbi in *-mente*.
Fate notare infine la forma irregolare dell'avverbio *bene* (aggettivo *buono*) presentato nella cornice a sinistra.

Soluzione specchietto a sinistra: *chiaramente, veramente*
altri avverbi in *-mente* nel testo: *certamente, probabilmente*
cornice a destra: *chiaramente, veramente, probabilmente*

8 | La casa nuova è pronta.

Obiettivo Esercitare per iscritto gli avverbi in *-mente*.

Procedimento Invitate i vostri corsisti a leggere il monologo di Manuela e a trasformare gli aggettivi tra parentesi in avverbi. Fate infine leggere il monologo ad alta voce.

Soluzione *sicuramente, rapidamente, velocemente, naturalmente, bene, tranquillamente*

9 | Manuela e Davide hanno scelto per il soggiorno il colore giallo.

Obiettivo Esercitare gli aggettivi indicanti il colore e reimpiegare il lessico riferito all'arredamento. Funzione comunicativa: "descrivere i colori della propria casa".

Procedimento Fate leggere gli aggettivi riferiti ai colori e chiedete ai vostri corsisti che cosa notano nella loro formazione. Fate osservare anche la cornice a sinistra con gli aggettivi che rimangono invariati sia nel genere, sia nel numero. A questo punto formate delle coppie e dite agli studenti di raccontarsi a vicenda quali sono i colori della loro casa. Le parole indicate e l'esempio possono essere d'aiuto.

10 | Avete comprato casa e uno zio vi vuole fare un regalo.

Obiettivo Esercitare la competenza comunicativa orale.

Procedimento Fate discutere a gruppi su ciò che ogni corsista necessita ancora per arredare la propria casa. Fate ripetere le forme *mi serve / mi servono* che saranno loro utili per esprimersi a proposito. Se volete potete riportare i risultati in plenum.

11 | Di che colore è l'estate? Quali colori associate a ...

Obiettivo Associare i colori in modo visivo-spaziale.

Procedimento Chiedete ad ogni studente di associare un colore alle diverse situazioni descritte così come nell'esempio. Verificate in plenum e scegliete insieme l'associazione più fantasiosa.

Ho letto il Suo annuncio ...

12 | Chi ha messo i seguenti annunci offre o cerca una casa?

Obiettivo Esercitare la comprensione scritta globale.

Procedimento Dite ai vostri studenti di leggere una prima volta gli annunci senza soffermarsi su ogni parola. Devono solo cercare di capire se le persone che hanno messo queste due inserzioni offrono o cercano casa. Verificate in plenum e chiedete agli studenti da che cosa lo hanno capito.

Soluzione *Offrono tutti e due casa.*

13 | Quale annuncio può interessare a una coppia di anziani?

Obiettivo Esercitare la comprensione scritta dettagliata.

Procedimento Invitate i vostri studenti a rileggere una seconda volta gli annunci. Chiedetegli di capire quale di essi potrebbe interessare a una coppia di anziani e quale a una persona che va ad abitare da sola. Da quali elementi lo deducono? Verificate in plenum.

Soluzione *Il primo annuncio può interessare a una persona che va a vivere da sola (a pochi passi dal centro, monolocali / bilocali, ammobiliati), il secondo a una coppia di anziani (ascensore, zona periferica molto tranquilla).*

14 | E ora a voi!

Obiettivo Esercitare la competenza comunicativa orale. Funzione comunicativa: "chiedere al telefono informazioni su una casa".

Procedimento
a Dite ai vostri corsisti che per motivi di lavoro si devono trasferire a Bari per due anni. Chiedetegli quale degli annunci può andare bene per loro. Fateli dialogare in coppia.
b Ogni singolo studente scriverà una lista delle informazioni che ancora gli servono rispetto all'appartamento scelto. Lasciate alcuni minuti per svolgere questo compito. Quando avranno finito, in coppia impersoneranno il ruolo del futuro inquilino e del locatore (sig.ra Caterina o Giulio). Il primo telefonerà e farà delle domande sulla casa prescelta. Il locatore darà delle risposte a proposito. Dite loro che, se vogliono, a fine telefonata possono scegliere di prendere un appuntamento per vedere la casa. Al termine della telefonata si scambieranno i ruoli. Gli esempi nei fumetti possono essere d'aiuto per dare inizio alla telefonata.

→ **Tipp** Per rendere la telefonata ancora più autentica, fate sedere gli studenti schiena contro schiena. In questo modo metteranno in scena una vera e propria conversazione senza contatto visivo.

15 | Osservate le frasi.

Obiettivo Analisi linguistica: il *si* impersonale.

Procedimento Fate leggere le frasi dello specchietto verde a sinistra. Dite poi di leggere il testo nella cornice al centro. Chiedete agli studenti quando si ha in Italiano il verbo al singolare e al plurale con la forma impersonale. Fate riflettere in plenum. Per finire attirate l'attenzione sull'ultima cornice di destra. Fate notare che *affittasi* è la forma compatta di *si affitta*. Così come *offresi* di *si offre*.

Soluzione *Il verbo è al singolare quando il sostantivo che segue è al singolare ed è al plurale quando il sostantivo che segue è al plurale (p. es. si affitta un appartamento / si affittano degli appartamenti).*

16 | Che cosa si fa quando si cerca casa, che cosa non si fa?

Obiettivo Esercitare la forma impersonale.

Procedimento Invitate i vostri studenti a leggere gli elementi presentati nell'attività e accertatevi che tutte le espressioni siano conosciute. In coppia fate formare delle frasi con questi elementi o con altri a piacere sul tema della consegna. Possono stilare due liste e iniziare come nell'esempio in corsivo. Verificate in plenum.

17 | Raccontate della vostra casa.

Obiettivo Esercitare la competenza comunicativa orale. Funzione comunicativa: "descrivere la propria casa".

Procedimento A coppie. A turno un compagno descrive la propria casa mentre l'altro ne disegna uno schizzo in base a quanto ascoltato. Alla fine devono verificare se il disegno corrisponde a verità e poi si scambiano i ruoli. Le espressioni fornite possono essere d'aiuto per la descrizione.

Ascoltare e capire

18 | Il cielo in una stanza

Obiettivo Esercitare la comprensione auditiva globale.

Procedimento Fate ascoltare la canzone e chiedete agli studenti di indicare la risposta giusta tra quelle proposte rispondendo alle domande: *di che cosa parla la canzone? Dov'è chi la canta?*

Soluzione *la canzone parla d'amore, chi canta è a casa*

19 | Riascoltate la canzone e guardate l'illustrazione.

Obiettivo Esercitare la comprensione auditiva dettagliata.

Procedimento Fate notare il disegno a destra e riascoltando la canzone invitate i vostri studenti ad abbinare alle immagini le parole che sentono.

Soluzione *stanza, pareti, alberi, soffitto, cielo, mondo*

Franco Battiato (Jonia, Sicilia, 23 marzo 1945) è uno dei cantautori più originali e influenti del panorama musicale italiano. Si è confrontato con molteplici stili musicali, combinandoli spesso tra loro: dagli inizi romantici alla musica sperimentale, passando per l'avanguardia colta, l'opera lirica, la musica etnica, il rock progressivo e la musica leggera. Ha sempre ottenuto un grande successo di pubblico e di critica.

20 | Ora riscrivete voi la strofa con l'aiuto delle seguenti parole o a piacere.

Obiettivo Esercitare l'abilità di scrittura. Funzione: "scrivere una poesia".

Procedimento Chiedete ai vostri studenti di completare la strofa usando le parole fornite o inventandone di nuove. Fate leggere in plenum le poesie di ciascuno.

Che tempo fa?

21 | Fa bel tempo, fa brutto tempo.

Obiettivo Introdurre il lessico relativo al tempo atmosferico.

Procedimento
a Fate leggere le espressioni per indicare le varie situazioni meteorologiche. L'abbinamento immagine-espressione non renderà necessaria una vostra spiegazione. Invitate quindi i vostri studenti a completare i fumetti con l'aiuto delle espressioni fornite. Dite loro che ci possono essere più soluzioni possibili. Fate notare infine la cornice a sinistra con le varie possibilità per dire com'è il tempo (sottolineando che con i verbi *essere* e *fare* si esprime sempre lo stesso concetto).
b Dite ai corsisti di ascoltare le affermazioni e fate confrontare con quanto scritto da ognuno nei fumetti. Chiedetegli se corrispondono o se le persone dicono qualcosa di diverso. Verificate in plenum.

Soluzione
a Soluzioni possibili dall'alto verso il basso: *è nuvoloso, piove e fa freddo, c'é la nebbia; c'è il sole e fa caldo; nevica*
b *Che giornata grigia! Piove e fa freddo. / C'è la nebbia e fa freddo; Che cielo azzurro! C'è il sole e fa caldo; Fuori è tutto bianco! Nevica da due ore. / Come nevica!*

22 | Che cosa mettete quando fa caldo?

Obiettivo Introdurre il lessico relativo all'abbigliamento ed esercitare la competenza comunicativa orale. Funzione comunicativa: "parlare del proprio abbigliamento".

Procedimento Prima di iniziare l'attività, attirate l'attenzione sulla cornice a destra con il lessico legato alla sfera semantica dell'abbigliamento. Potete fare abbinare i nomi ai capi di abbigliamento presenti nell'armadio illustrato. Se necessario risolvete dei dubbi lessicali e ampliate il vocabolario in base alle richieste dei corsisti. Fate quindi discutere in gruppo sul tipo di abbigliamento utilizzato dagli studenti quando fa caldo, quando fa freddo e quando nevica. L'esempio può essere d'aiuto.

È tempo di saldi. Andiamo a fare spese.

23 | Guardate la vignetta.

Obiettivo Esercitare la comprensione orale.

Procedimento Fate leggere la vignetta e guardare le illustrazioni. Secondo i corsisti che cosa significa la parola *saldi*? Chiedete loro quando ci sono i saldi nella loro regione o città di appartenenza e se fanno acquisti durante questo periodo oppure no.

24 | Dove potete comprare ...?

Obiettivo Ampliare il lessico riguardante i negozi non alimentari ed esercitare la competenza comunicativa orale.

Procedimento
a Fate abbinare a coppie gli oggetti raffigurati al tipo di negozio corrispondente. Controllate in plenum e fate eventualmente dire agli studenti dove si comprano gli oggetti usando la forma impersonale *si compra / si comprano* (p. es. *Le scarpe si comprano nel negozio di calzature*).
b Sempre a coppie invitate i vostri corsisti a discutere sulle domande presentate. Raccogliete i risultati in plenum.

Soluzione
a *1. negozio di calzature, 2. negozio di elettronica e informatica, 3. negozio di articoli per la casa, 4. libreria, 5. negozio di abbigliamento, 6. negozio di articoli sportivi*

25 | Due amiche in giro a fare spese

Obiettivo Esercitare la comprensione auditiva dettagliata.

Procedimento Fate ascoltare il dialogo e chiedete agli studenti di inserire le parole mancanti. Fate notare le espressioni per indicare il numero di scarpe e la taglia di un vestito e la differenza nelle taglie tra l'Italia e la Germania (cornice a sinistra).

Soluzione *scarpe, giacche, maglioni, giacca, maglione*

26 | Rileggete il dialogo e poi completate.

Obiettivo Raccogliere le espressioni per comunicare in un negozio di abbigliamento.

Procedimento Fate rileggere il dialogo e invitate gli studenti a completare il riquadro a destra con le espressioni corrispondenti alle domande del riquadro a sinistra. Fate notare nella cornice verde a sinistra l'uso di *questo* (vicino a chi parla) e di *quello* (lontano da chi parla).

Soluzione *Sì, grazie! Cerco qualcosa di sportivo e di caldo; Quelle in vetrina? Ma c'è la mia taglia?; Porto la 44.; Belli. Quanto vengono?; No, la giacca è troppo stretta, il maglione invece va benissimo.*

27 | Abbinate ogni parola al suo contrario.

Obiettivo Ampliare il lessico relativo alla descrizione di capi d'abbigliamento.

Procedimento Invitate i vostri studenti ad abbinare ad ogni parola il contrario corrispondente.

Soluzione *1 grande, 2 corto, 3 sportivo, 4 moderno, 5 largo, 6 pesante*

28 | E ora a voi!

Obiettivo Presentare le espressioni per chiedere il prezzo ed esercitare la competenza comunicativa orale. Funzione comunicativa: "acquistare qualcosa in un negozio di abbigliamento".

Procedimento Dite ai vostri corsisti che si trovano in un negozio di abbigliamento e che vogliono comprare qualcosa. Devono quindi scrivere il dialogo immaginario tra il cliente e il / la commesso/-a del negozio. Fate prima notare loro come si chiede il prezzo in un negozio con i verbi *venire* o *costare* che prende la forma (sing. o plur.) a seconda del sostantivo che segue (cornice a sinistra dell'att. 27).

Pronuncia

29 | Ascoltate e leggete.

Obiettivo Riconoscere il suono sordo [s] e sonoro [z] della lettera *s*.

Procedimento Fate ascoltare la registrazione dei tre proverbi italiani e chiedete agli studenti di dirvi se all'inizio di parola la *s* viene pronunciata sorda (come in *Ross*) o sonora (come in *Rose*) e in quali parole la *s* suona come in *Post* rispettivamente *espresso* (qui si fa riferimento alle combinazioni *st* e *sp*).
Leggete infine i proverbi in coro.

Soluzione *All'inizio di parola la* ***s*** *è pronunciata sorda come in "Ross" (saldi, sono ecc.). La* ***s*** *viene pronunciata come in "Post" nella parola "stellato", come in "espresso" nelle parole "sposa" e "spera".*

Giro d'Italia

In Puglia con Giuliana
La regione protagonista del Giro di quest'unità è la Puglia presentata da Giuliana. L'ultimo Giro di *Con piacere* A1 si basa sulla scoperta delle città, della storia e delle caratteristiche architettoniche di questa affascinante regione. Come sempre è previsto un confronto interculturale con il paese di appartenenza dei corsisti.

1 E da voi? Ci sono città che portano il nome di persone importanti?

Procedimento Ci sono delle città nella nazione / regione dei vostri corsisti che, come *Manfredonia*, portano il nome di un personaggio celebre? Parlatene in plenum.

2 Conoscete Federico II di Svevia?

Procedimento Chiedete ai vostri corsisti se conoscono Federico II di Svevia e se ci sono anche nella loro nazione di origine dei castelli ancora in buono stato di conservazione che si possono visitare. Parlatene in plenum.

3 E da voi, ci sono case da smontare, o comunque particolari?

Procedimento Nel paese di origine dei vostri studenti sono presenti delle costruzioni tipiche di un determinato periodo storico? Parlatene in plenum.

4 "Sentirsi a casa":

Procedimento Chiedete ai vostri studenti di riflettere sull'espressione "sentirsi a casa". Come la tradurrebbero nella loro lingua materna? Discutetene in gruppo.

> *Castel del Monte* (terza foto della prima colonna) si trova nell'attuale frazione omonima del comune di Andria, vicino a Santa Maria del Monte. Fu costruito intorno al 1240.
> La *Cattedrale di Trani*, anche conosciuta come la *Cattedrale di San Nicola Pellegrino*, fu iniziata nel 1099 e completata intorno all'anno 1200. La chiesa contiene le reliquie di San Nicola Pellegrino, un giovane pastore greco giunto a Trani nella primavera del 1094 durante il suo cammino di pellegrinaggio verso Roma e morto qualche mese dopo.
> La *Basilica di San Nicola* (nella prima foto della seconda colonna), anche in stile romanico pugliese, fu costruita tra il 1089 e il 1197 durante la dominazione normanna. La tradizione vuole che la Basilica sia stata eretta a seguito del ritorno a Bari di un gruppo di marinai baresi (partiti alla volta di Mira in Turchia) con le spoglie di San Nicola. La realizzazione della chiesa è legata alla volontà di ospitare e custodire le reliquie del Santo la cui venerazione riguarda anche la dimensione ortodossa.
> L'ultima foto è un particolare della *Basilica di Santa Croce* a Lecce.

Per comunicare

30 | Rispondete con le parole e le espressioni che avete imparato.

Obiettivo Riprendere il lessico e le funzioni comunicative apprese nell'unità.

Procedimento Invitate ciascuno dei vostri corsisti a descrivere la loro stanza preferita. Proponetegli inoltre le seguenti domande: *che tempo fa oggi? Quali abiti avete messo?* I corsisti dovranno rispondere in base alle parole e alle espressioni che hanno imparato nel corso di questa unità.

Per il dossier

31 | Volete offrire la vostra casa in cambio di un'altra casa in Italia per una settimana o un mese.

Obiettivo Inserire informazioni in un annuncio immobiliare.

Procedimento Dite ai vostri studenti che stanno cercando una casa in Italia da scambiare con la propria per una settimana o un mese. In base alle caratteristiche della loro abitazione, invitate i vostri studenti ad inserire le informazioni richieste all'interno dell'annuncio immobiliare presentato.

Ricapitoliamo!

Obiettivo Riprendere alcune informazioni presenti nei Giri d'Italia delle nove unità di *Con piacere* A1.

Materiale necessario Il testo del questionario è fotocopiabile a pag. 88 di questa guida. Le soluzioni presenti a fondo pagina devono essere rimosse prima di fotocopiare la pagina e sono ad uso esclusivo dell'insegnante.

Procedimento Quanto hanno imparato i vostri studenti dell'Italia e delle sue regioni? È il momento di metterli alla prova! Formate dei gruppi di max. 4–5 corsisti e chiedete loro di rispondere alle domande riguardanti le regioni presentate nel primo volume di *Con piacere*. Dite loro che possono trovare tutte le risposte nei Giri d'Italia e che è consentito riferirsi ad essi. Vince il gruppo che finisce per primo (naturalmente le risposte devono essere esatte. In caso contrario verranno verificate le risposte del gruppo arrivato secondo o terzo).

Intermezzo 3

Per imparare meglio

1 | Scrivere in italiano: un'e-mail

Obiettivo Analisi linguistica: le parti di apertura e di chiusura di un'e-mail. Esercitare l'abilità di scrittura. Funzione: "scrivere un'e-mail".

Procedimento

a Lo scopo delle prime due parti dell'attività è focalizzare l'attenzione su alcune formule di apertura, di chiusura e di saluto delle e-mail. Spiegate ai vostri corsisti che al termine dell'attività dovranno scriverne una. Per prepararli a questo, invitateli a trovare le frasi di apertura, chiusura e saluto presenti nelle mail a pag. 59, 60 e 101 e di scriverle orizzontalmente nelle righe vuote.

b Chiedete ai vostri studenti di notare le differenze nei modi di salutare all'inizio e alla fine delle tre e-mail. Quali formule sono formali, meno formali e informali? Fate discutere in gruppo e riportate in plenum i risultati.

c Ognuno dei vostri studenti vuole organizzare un fine settimana insieme ad un amico italiano. Chiedete a ciascuno di loro di scrivergli un'e-mail secondo l'ordine indicato.

d Dopo questa attività di scrittura, invitate i vostri corsisti a ragionare sull'organizzazione del contenuto di un testo. Chiedetegli se i punti forniti nella parte **c** di quest'attività sono stati utili per la stesura dell'e-mail e perché. Domandate ai vostri studenti se sono soliti scrivere una scaletta del testo che vogliono realizzare oppure no, se hanno altri metodi per organizzare le idee e per quali tipi di testi serve stendere una struttura prima di iniziare a scrivere. Fateli discutere in gruppo e poi riportate in plenum i risultati.

Soluzione

a (in ordine orizzontale) *Buongiorno, In attesa della Vs. risposta inviamo, distinti saluti; Cara, A domani., Baci; Cara, E voi, tutto bene?, Cari saluti*

b formale: *In attesa della Vs. risposta inviamo distinti saluti;* meno formale: *Buongiorno;* informale: *Cara, A domani., E voi, tutto bene?, Baci, Cari saluti*

2 | Parlare anche con ... le mani!

Obiettivo Esercitare la spiegazione dei termini sconosciuti in mancanza di strumenti linguistici specifici (p. es. un dizionario) e riflettere sull'uso di questa strategia nella propria lingua materna.

Procedimento

a Formate delle coppie. Dite ai vostri studenti di immaginarsi di essere in Italia, senza dizionario, in un negozio di generi alimentari e di non conoscere il nome di alcuni prodotti. A turno ogni studente scrive sulla lista della spesa presente sul libro (o su un foglio a parte) due nomi di prodotti da descrivere a turno al proprio compagno. Dite loro che possono esprimersi anche con gesti e parafrasi. Riescono a farsi capire? L'esempio può essere loro d'aiuto.

b Continuate con le stesse coppie. Chiedete ai vostri studenti se si sono già trovati in una situazione simile nella loro lingua e come hanno superato questa difficoltà. A coppie fate scrivere una lista delle strategie utilizzate in tali situazioni. Verificate in plenum le strategie utilizzate da tutti.

Sbagliando s'impara

3 | Dov'è l'errore?

Obiettivo Individuare e classificare errori linguistici.

Procedimento

a Formate delle coppie. Indicate un tempo massimo entro il quale ogni coppia dovrà trovare gli errori presenti nelle frasi. Sottolineate che in ogni frase è presente un errore. Fate poi lavorare insieme due coppie: dovranno confrontare gli errori individuati e quindi correggerli assieme. Verificate in plenum.

b Fate a questo punto riflettere sugli errori chiedendo ai vostri corsisti di classificarli in base alle categorie corrispondenti.

c Formate dei gruppi. Scopo dell'attività è individuare gli errori che bloccano la comunicazione. Invitate gli studenti a discutere sui diversi tipi di errori nelle frasi. Quali frasi sono incomprensibili a causa degli errori e in quali frasi viene disturbata la comunicazione? Fateli riflettere sui tipi di errori che sono alla base di questi problemi.
Parlatene in plenum. Gli studenti, al termine della riflessione, dovranno capire che gli aspetti grammaticali non sono così fondamentali per una comunicazione efficace.

Soluzione

a/b *1. ~~la~~ mia sorella mi ha regalato un CD. (überflüssiges Wort)*
2. Noi ***non*** *la vediamo non ~~spesso~~. (falsche Satzstellung)*
3. Abbiamo ancora ***uova*** *~~uove~~? (falsche Pluralform)*
4. Domani ***mattina*** *~~matina~~ … (Rechtschreibfehler)*
5. Finalmente ho trovato ***un*** *~~una~~ monolocale! (falscher Artikel)*
6. ***La*** *signora Marconi … (Ableitung aus der Muttersprache)*
7. Hai ***preso*** *~~prenduto~~ … (Verbform falsch gebildet)*
8. Domani ***c'è*** *il ~~fa~~ sole. (falscher Ausdruck)*
9. Tanti auguri ***per*** *~~all~~'Anno Nuovo! (unpassende Präposition)*
c *Tutte le frasi sono comprensibili. La frase al punto 6 può essere interpretata in modo sbagliato in quanto se ci fosse un "?" sarebbe giusta.*

4 | Riflettiamo insieme sugli errori.

Obiettivo Riflettere sugli errori.

Procedimento

a Dividete gli studenti in gruppi. Fate discutere su quali sono gli errori che ciascuno fa più frequentemente in italiano e in quali situazioni. In plenum verificate i risultati.
b Fate lavorare negli stessi gruppi. Chiedete ai vostri studenti di focalizzare l'attenzione sulla correzione dei loro errori. Aiutate i vostri corsisti nella raccolta di proposte e idee. Interessante per voi è sapere cosa fanno i corsisti con i loro errori e se hanno già alcune strategie in tal senso.

→ **Proposte per gli errori grammaticali** Riprendete la regola sbagliata con esercizi mirati di vario genere (per esempio utilizzando il **Trainingsbuch** con gli esercizi aggiuntivi).

→ **Proposte per gli errori di lessico** Esistono varie tecniche di memorizzazione dei vocaboli in modo contestualizzato e non isolato (p. es. con un quaderno dei vocaboli) e di esercitazione (si veda a tal proposito la sezione *Lernen mit System* presente nell'eserciziario).

Una lingua, una cultura

5 | Che cosa è successo?

Obiettivo Sensibilizzare i corsisti su alcuni usi e costumi diversi.

Procedimento

a In gruppi. Le tre vignette rimandano a tre situazioni che possono causare fraintendimenti o quantomeno stupore. Chiedete ai vostri corsisti di riflettere e discutere sulla reazione delle persone. Verificate in plenum e spiegate eventuali situazioni poco chiare.
b Chiedete ai vostri studenti di lavorare in coppia e di raccontarsi se hanno vissuto esperienze di questo tipo e perché si sono create. Fateli discutere sul perché le persone nelle illustrazioni reagiscono così. Dopo fate confrontare in gruppo e quindi riportate i risultati in plenum.
Vi consigliamo di condurre la riflessione su questi tre aspetti senza estremizzare o fissare regole rigide di comportamento. Cercate piuttosto di sensibilizzare alle diversità partendo proprio da questi tre esempi e a stimolare un'apertura mentale di fronte a reazioni del tutto inattese, in quanto percepite e valutate secondo criteri culturali diversi.

Soluzione

a Un regalo "particolare": *alcuni oggetti in Italia hanno un valore che va al di là del regalo stesso e quindi bisogna fare attenzione a regalarli. I crisantemi, per esempio, sono i fiori "dei morti" e si portano al cimitero, così come le candele sono un simbolo funebre, tranne quelle a stelo rosso usate per cenette romantiche o per Natale. Le candele artistiche e / o profumate si possono invece regalare senza problemi. Conviene quindi sempre consultarsi con un italiano o con il / la negoziante prima di acquistare regali di questo tipo.*
A tavola non si può dire di no!: *i rituali di cortesia a tavola, così come anche in altre situazioni quando si riceve un'offerta, prevedono che l'interlocutore per pura cortesia rifiuti almeno una volta l'offerta che viene quindi riformulata dal padrone di casa e infine accettata dall'ospite. È una specie di rituale che si svolge tra padrone di casa e ospite. Questo tipo di rituale è più usato nel Sud dell'Italia rispetto al Nord del paese e non esiste affatto nei paesi del Nord Europa. Si possono quindi creare situazioni molto imbarazzanti o frustranti. In ogni caso non si deve rispondere con un semplice "no" a un'offerta, ma bisogna sempre scusarsi e ringraziare.*
Visita a sorpresa della famiglia Caruso ai Müller: *in questo caso si vuole informare sulla possibilità, nella cultura italiana, di fare visite non preannunciate e senza appuntamento. Gli ospiti in questo caso non si aspettano altro che l'offerta di un caffè (espresso) o un po' d'acqua.*

6 | Non solo parole!

Obiettivo Fissare l'attenzione su alcune espressioni molto idiomatiche e in uso nella lingua italiana ed esercitarle per iscritto.

Procedimento

a Chiedete ai vostri corsisti di scegliere tra le possibili traduzioni degli elementi lessicali evidenziati nelle frasi. Fate notare che tutte queste espressioni sono state già presentate all'interno delle lezioni e dovrebbero essere quindi conosciute.

b Adesso fate contestualizzare le espressioni invitando i vostri corsisti a inserirle nel biglietto scritto da Claudio per Angelo.

Soluzione

a non ti dico: *Du kannst dir nicht vorstellen …*
siamo a posto: *Damit ist das Tema abgeschlossen, oder?*
proprio un affare: *Das war aber ein Schnäppchen!*
mi raccomando: *Aber bitte schön reif, ja!*
finalmente: *Endlich …*
un sacco di soldi: *Es kostet ein Haufen Geld.*

b *finalmente, non ti dico, un sacco di soldi, proprio un affare, siamo a posto, mi raccomando*

Giochiamo insieme

7 | In viaggio per imparare

Obiettivo Riepilogare in modo ludico gli aspetti linguistici e le competenze testuali e socio-pragmatiche incontrate nelle precedenti unità.

Materiale necessario Il piano di gioco a pag. 113 di *Con piacere* A1, alcuni dadi, una pedina per ogni giocatore (monete, graffette ecc.).

Procedimento Il gioco ha carattere competitivo, ma è tuttavia molto aperto e lascia molta libertà d'azione ai giocatori che possono scegliere i compiti da svolgere. Questa libertà dovrà essere incoraggiata dall'insegnante che non interverrà nel gioco in prima persona, se non all'inizio per aiutare nella formazione dei gruppi o squadre e durante il gioco, solo su richiesta esplicita dei giocatori.
Compito dell'insegnante all'inizio del gioco è di definire gruppi equilibrati dal punto di vista delle competenze. La possibilità di scegliere i compiti da svolgere ha come scopo quello di lasciare più spazio anche a quei corsisti più deboli in aspetti puramente grammaticali e più forti in quelli comunicativi (e viceversa) che hanno in questo modo la possibilità di raccogliere comunque punti. Le correzioni saranno svolte dai corsisti stessi che si correggeranno a vicenda. Qualora notaste errori ricorrenti, alla fine del gioco potreste riportarli in modo anonimo in plenum.

Si gioca in gruppi. Ogni giocatore procede di tante caselle quanti sono i punti indicati dal dado. Ricordatevi di dire che ogni giocatore può muoversi in tutte le direzioni scegliendo a piacere la casella e il colore dove sostare.
Il giocatore dovrà svolgere il compito richiesto all'interno di ogni casella. Se il compito viene risolto in modo corretto, riceverà dei punti in base al colore. Se il compito è scorretto, il giocatore dovrà ritornare al punto in cui si trovava prima di tirare il dado.
Attenzione! Lo stesso giocatore non può sostare per due volte sulla stessa casella. In questo caso deve ritornare a quella precedente e saltare un turno. Il primo che raccoglie 20 punti e riesce a ritornare al punto di partenza ha vinto il gioco.
In alternativa si potrebbero formare delle squadre al cui interno i corsisti giocano e svolgono insieme i compiti proposti. Quest'alternativa è particolarmente raccomandata quando il gruppo è piccolo o quando i corsisti sono molto introversi e preferiscono appoggiarsi al gruppo e non esporsi in prima persona.

Soluzione (Dall'alto verso il basso.)
caselle arancioni: *sì, lo incontro ogni giorno, La vedo il sabato, Tu invece non li / la vedi molto, vero?; probabile > probabilmente, buono > bene; oggi devo fare la spesa al supermercato e poi devo andare dal fruttivendolo e in macelleria; mio padre Luigi, i miei nipoti Matteo e Giulio; degli zucchini e dei peperoni; le regaliamo un profumo, gli compriamo un CD, gli prendiamo un gioco.*
caselle azzurre: *dove vai questo fine settimana?; Marta è la nonna di Lucia, ma potrebbe essere anche la bisnonna; risposta aperta; (p. es.) verdure e yogurt; Avete la taglia 46?; (p. es.) stivali, cappotto, berretto; Tocca a me / te / lui / lei / Lei / noi / voi / loro; (p. es.) Avete dei pomodori?*

Agata Borgogno Agrigento	**Giorgia Giannotta** Piacenza	**Cinzia Chiesa** Como
Giulia Graglia Genova	**Franca Guglielmo** Chieti	**Cecilia Giovannucci** Lucca
Chiara Beccaria Cagliari	**Carla Colucci** Foggia	**Gianna Cucinotta** Cosenza
Giovanni Bisceglia Reggio di Calabria	**Gabriele Guidi** Cuneo	**Michele Guglielminetti** Gorizia
Gianfranco Mangalaviti Campobasso	**Pasquale Cinque** Avellino	**Gerardo Ghidella** Caserta
Marco Gagliardino Rovigo	**Carlo Longanesi** Perugia	**Giulio Garavini** Lecce

Con piacere | Guida per l'insegnante
ISBN 978-3-12-525187-8

Cinque nomi di bevande	*un …* *una …* *uno …* *un' …* Quali parole puoi mettere?	Quali sono le tue abitudini alimentari? Due frasi con *spesso e raramente.*	Come ordini qualcosa al bar?
Due parole con l'articolo *lo*	Il nome di tre dolci napoletani	Tre nomi di spuntini	Lo spelling della parola *aperitivo*
Due frasi con *non*	*offrire* *io …, tu …, lui / lei …,* *noi …, voi …, loro …*	Come si chiama il caffè più famoso di Napoli?	Come offri qualcosa da bere a un compagno?
Sto abbastanza bene, grazie e tu, come … ?	Puoi presentare qualcuno in modo formale?	*Prende una grappa?* Tu rifiuti e spieghi perché.	*scrivere* *io …, tu …, lui / lei …,* *noi …, voi …, loro …*

Con piacere | Guida per l'insegnante
ISBN 978-3-12-525187-8

prendere	rosso	io	bottiglia	pizza
gassata	preferire	zucchini	bianco	acqua
scaloppine	voi	litro	insalata	non
spaghetti	tanto	affettati	olive	misti
aranciata	vongole	al	mangiare	alle
frittata	tu	mista	noi	minerale
limone	bere	casa	piace	Lei
di	ragù	offrire	bicchiere	grigliate
naturale	mezzo	tiramisù	spiedini	tagliatelle
piacciono	verdure	antipasto	con	loro
della	vino	gnocchi	lui / lei	vorrei

Con piacere | Guida per l'insegnante
ISBN 978-3-12-525187-8

Nome: Massimo
Cognome: Rossi
Città: L'Aquila
Professione: avvocato
Interessi: giocare a tennis / cucinare

Nome: Maria
Cognome: Vogliotti
Città: Torino
Professione: segretaria
Interessi: giocare a carte / viaggiare

Nome: Gianfranco
Cognome: Stradivari
Città: Palermo
Professione: pittore
Interessi: fare foto / leggere libri gialli

Nome: Paola
Cognome: Racca
Città: Milano
Professione: studentessa di medicina
Interessi: cucinare / ballare il tango

Nome: Pasquale
Cognome: Parrotta
Città: Bari
Professione: cameriere in un ristorante
Interessi: andare al cinema / leggere libri gialli

Nome: Luisa
Cognome: Veronesi
Città: Verona
Professione: infermiera
Interessi: dipingere / andare al cinema

Nome: Quirino
Cognome: Felisati
Città: Roma
Professione: notaio
Interessi: dipingere / viaggiare

Nome: Marta
Cognome: Milanesio
Città: Napoli
Professione: casalinga
Interessi: andare in bicicletta / giocare a tennis

Nome: Giuseppe
Cognome: Bertone
Città: Siena
Professione: ingegnere
Interessi: fare foto / viaggiare

Nome: Lucia
Cognome: Benvenuti
Città: Parma
Professione: imprenditrice
Interessi: andare in bicicletta / dipingere

Nome: Valentino
Cognome: Domenicali
Città: Padova
Professione: giornalista
Interessi: giocare a tennis / fare giardinaggio

Nome: Elisa
Cognome: Leonardi
Città: Genova
Professione: scultrice
Interessi: giocare a carte / ballare il tango

Nome: Tommaso
Cognome: Lagostina
Città: Potenza
Professione: cuoco
Interessi: leggere libri gialli / suonare il pianoforte

Nome: Martina
Cognome: Nigro
Città: Cagliari
Professione: cantante jazz
Interessi: suonare il pianoforte / andare al cinema

Nome: Carlo
Cognome: Dini
Città: Venezia
Professione: ballerino classico
Interessi: fare giardinaggio / cucinare

Nome: Annalisa
Cognome: Cerri
Città: Aosta
Professione: insegnante
Interessi: fare foto / ballare il tango

Nome: Luca
Cognome: Ferrando
Città: Grosseto
Professione: architetto
Interessi: fare giardinaggio / suonare il pianoforte

Nome: Giulia
Cognome: Graglia
Città: Lecco
Professione: grafica
Interessi: andare in bicicletta / giocare a carte

Con piacere | Guida per l'insegnante
ISBN 978-3-12-525187-8

Marcello e Francesca

(il bancomat) non funzionare

Roma

avere un guasto all'automobile

prendere il treno

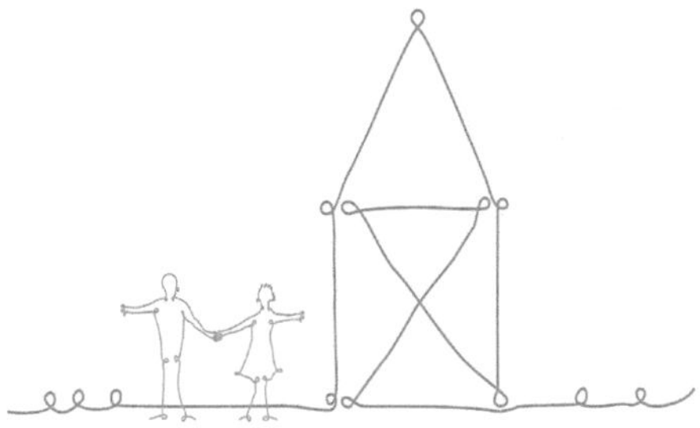

tornare a casa

non trovare una camera libera

ricevere un SMS

ISBN 978-3-12-525187-8

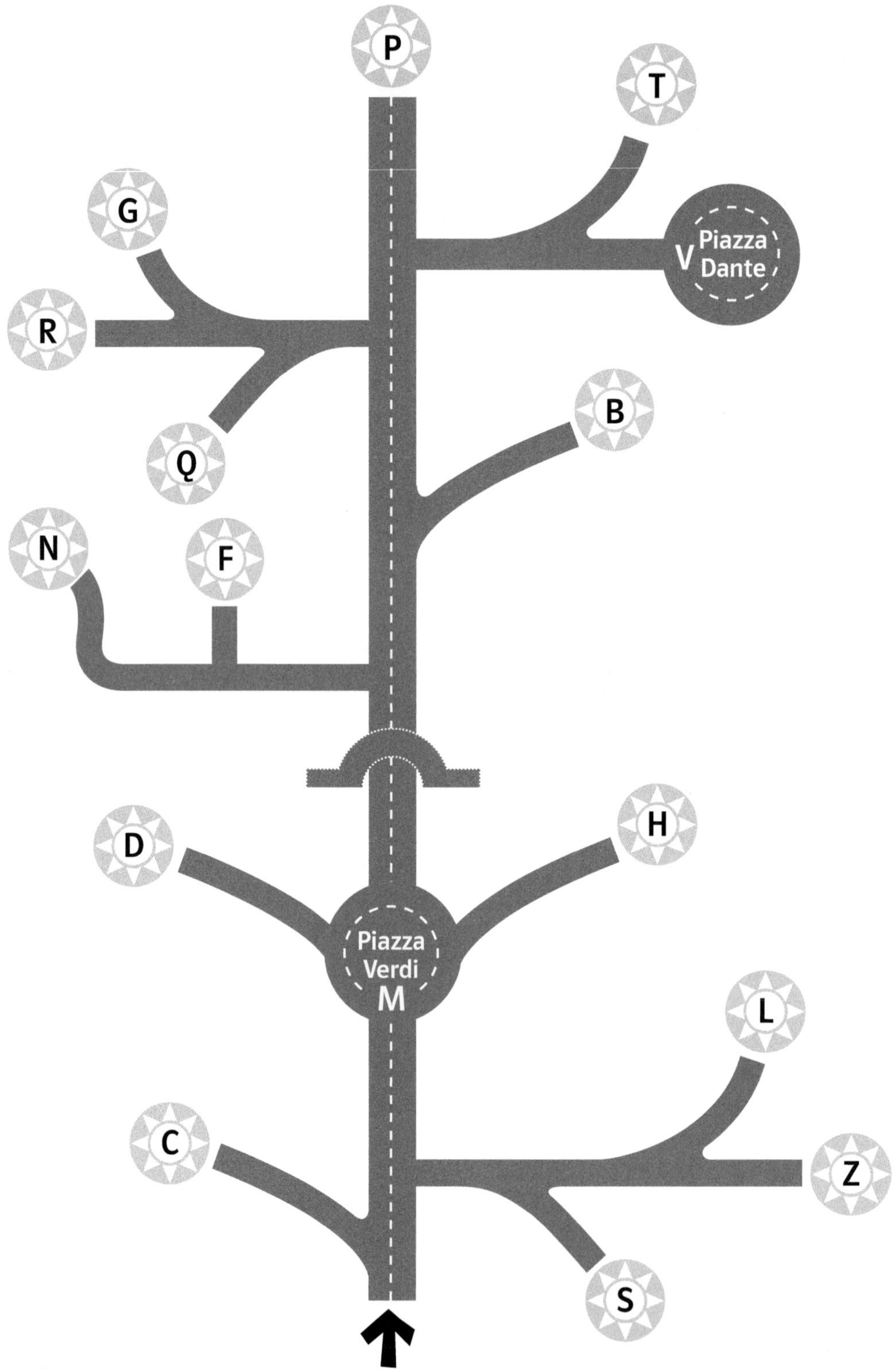

Con piacere | Guida per l'insegnante
ISBN 978-3-12-525187-8

Che cos'è?

Che giorno è oggi?

Dove sei stato/-a in vacanza?

Che cosa hai mangiato e bevuto ieri sera?

Che cos'hai nella borsa?

Come vieni al corso?

Sei alla stazione. Come vai a casa?

Nel tempo libero preferisci uscire, fare sport o hai un hobby particolare?

A che ora inizia e a che ora finisce il corso d'italiano?

Quali sono i mesi dell'anno?

Conosci l'Italia? Dove sei stato/-a?

Che cos'è?

Come passi di solito la giornata?

In una vacanza: qualcosa non ha funzionato?

Che cosa fai volentieri la sera?

Dove sei andato/-a domenica pomeriggio?

Quanta pasta serve?	A chi tocca?
Come li vuole i pomodori?	Le do altro?
Abbiamo delle pesche?	Scusi, dov'è il riso?
Io non bevo il caffè. E tu?	C'è ancora della frutta?
Le melanzane sono un po' grandi. Altre non ne ha?	Dove ha luogo la Sagra del Pane e Olio?
Chi porta il pane?	Quant'è?

Ne serve un chilo.	*Lo porto io.*
Otto euro.	*Mi dispiace, signora, oggi sono tutte così!*
A Trigiano.	*Neanch'io.*
No, non ne abbiamo più.	*Sì, ne abbiamo ancora quattro.*
Da salsa. Belli maturi, mi raccomando!	*Lo trova nello scaffale in fondo a sinistra.*
Sì, mi dia anche del basilico e due melanzane.	*Tocca a me!*

Con piacere | Guida per l'insegnante
ISBN 978-3-12-525187-8

ISBN 978-3-12-525187-8

Chi vince il Giro d'Italia?

1. Quante sono le regioni italiane?

2. Dove si trova la Bocca dell'Inferno?

3. Che cosa mangia Linda nelle montagne della Valtellina?

4. Qual è la leggenda sui trulli?

5. Dov'è la "foresta dei violini"?

6. Due discoteche storiche della riviera romagnola.

7. Quale città della Campania è famosa per il torrone?

8. Qual è il simbolo della Sicilia?

9. Quanti quintali d'olio produce la Toscana all'anno?

Soluzione *1. Le regioni italiane sono 20. (pag. 19), 2. Nel Parco dei Mostri di Bomarzo. (pag. 53), 3. I pizzoccheri. (pag. 39), 4. Per non pagare le tasse sulla casa, gli abitanti le smontavano e le ricostruivano dopo la partenza degli impiegati del fisco. (pag. 107), 5. In Val di Fiemme. (pag. 63), 6. La Baia Imperiale e il Cocoricò. (pag. 97), 7. Benevento. (pag. 29), 8. La testa della Gorgone con tre gambe. (pag. 73), 9. Più di 170.000 quintali d'olio l'anno. (pag. 87)*

Con piacere | Guida per l'insegnante
ISBN 978-3-12-525187-8